全民健身计划系列丛书

垒 球

王 广 谢 静／编著

吉林出版集团股份有限公司
全国百佳图书出版单位

图书在版编目（CIP）数据

垒球 / 王广, 谢静编著. -- 长春 : 吉林出版集团股份有限公司, 2021.1（2021.10重印）
（全民健身计划系列丛书 / 王晓亮主编）
ISBN 978-7-5581-9480-1

Ⅰ. ①垒… Ⅱ. ①王… ②谢… Ⅲ. ①垒球运动—基本知识 Ⅳ. ①G848

中国版本图书馆CIP数据核字(2020)第251782号

LEIQIU

垒球

王 广 谢 静 编著

责任编辑 田 璐 朱万军
封面设计 张振东
版式设计 吉林国艺图书有限公司
责任印刷 王 起

出 版 吉林出版集团股份有限公司
发 行 吉林出版集团青少年书刊发行有限公司
地 址 长春市福祉大路 5788 号
邮政编码 130118
电 话 0431-81629800
传 真 0431-81629812
印 刷 永清县晔盛亚胶印有限公司
版 次 2020 年 4 月第 1 版
印 次 2021 年 10 月第 2 次印刷
字 数 100 千字
开 本 720mm × 1000mm 1/16
印 张 8
书 号 ISBN 978-7-5581-9480-1
定 价 36.00 元

全民健身计划系列丛书

编委会

主 编

王月华　张　颖

副主编

方　方　范美艳

编 者

丁雪飞　于　洋　王小亮　王月华
王玦玥　王思臻　方　方　文博洋
丛广惠　白赞路　许沂铭　张　颖
张艳玲　张　月　张彦杰　张　楠
宋丽颖　苏雅娟　范美艳　唐　堃
董诗雨　董博宇

前　言

党的十九大报告指出："广泛开展全民健身活动，加快推进体育强国建设。"当全民健身上升为国家战略后，日常参与健身的人群将日益扩大，大家将以各种方式强健体魄，获得感和幸福感油然而生。

面对这样可喜的局面，吉林出版集团股份有限公司青少年书刊出版发行事业部和吉林体育学院编写组共同策划、编写了"全民健身计划系列丛书"。

"全民健身计划系列丛书"能够顺应国家有关体育的大政方针，把握时代脉搏，对指导大众健身有很好的促进作用。丛书图文并茂，实用性强，力争有所创新，包括球类运动、体操健身运动、传统武术、体育舞蹈、休闲运动、格斗运动和民间体育活动等项目，通过高清图片分解健身步骤，使读者用简单易行的锻炼方式达到良好的健身效果。读者在学习的过程中，不仅能够掌握运动健身的方法，还能够学到保健方面的基本知识。

吉林体育学院的老师作为专业的体育工作者，把高等院校的理论资源转化为实践成果，使"全民健身计划系列丛书"更加具有权威性、科学性、实用性，也更贴近健身人群的需求。

希望本丛书能为社会各界热爱健身的人士提供指导与帮助。

目录

1 第一章 概述

垒球运动是在棒球运动的基础上产生的，在国际上开展较为广泛，影响较大。它既是一项激烈的竞技性比赛项目，又是一项有着广泛群众基础，深受大众喜爱的休闲体育运动。

第一节 起源与发展

垒球运动诞生于19世纪80年代的美国芝加哥。由于这项运动具有所需场地小、球体大、球速慢等优点，因此很快便发展起来，现已风靡世界各地。

一、起源

垒球运动起源于美国，由棒球运动演变而来。由于棒球运动需要的场地太大，雨雪天气时无法在室外进行，1887年在美国芝加哥，人们首先将棒球场缩小并移至室内进行，时称“室内棒球”。不久，这项运动很快发展起来，并逐渐将场地又转移到室外，并取名为“女孩球”“软球”“游戏场球”等。1933年，在美国成立了业余垒球协会，制定了统一的竞赛规则，并根据球的软硬程度，将其正式命名为“softball”（垒球）。自此，垒球运动逐渐流行于世界各地。

二、发展

第二次世界大战结束后，垒球运动在许多国家和地区都有所发展。随着技术的进步，规则的完善以及国际赛事的举办，垒球运动逐步走上规范化道路，成为全民健身运动的重要组成部分。

（一）传播

1952 年，国际垒球联合会成立，总部设在美国的佛罗里达州普兰特城，有力地促进了垒球运动的传播与发展。

在垒球运动的发展过程中，由于投球等手法的不同，比赛又分为“快速投球”与“慢速投球”两种。1990 年第 11 届北京亚运会上女子垒球被列为亚运会正式比赛项目；1996 年第 26 届亚特兰大奥运会上，女子垒球首次被列为正式比赛项目。

垒球运动传入中国的时间较早，开始时是作为学校体育课的内容。1933 年，在全国运动会上，女子垒球被正式列为比赛项目。如今，全世界范围内的女子垒球运动广泛开展，中国女子垒球队的运动水平也逐年提高，多次在国际比赛中创造佳绩。

（二）机构与赛事

1. 机构

国际垒球联合会（ISF）简称国际垒联，成立于 1952 年，现有 124 个协会会员，是国际奥委会承认的国际单项体育组织，也是国际单项体育联合会总会的成员。

中国垒球协会于 1979 年 3 月成立，并于 1979 年 11 月加入国际垒球联合会。

2. 赛事

(1) 奥运会垒球赛，每四年一届（2012 年伦敦奥运会上取消了此项比赛）。

(2) 世界垒球锦标赛，每四年一届。

(3) 世界青年垒球锦标赛，每四年一届。

(4) 各大洲垒球锦标赛，每四年一届。

(三)发展趋势

1. 国内趋势

为更广泛地开展群众性体育活动，增强人民体质，推动我国社会主义现代化建设事业的发展，1995 年 6 月，国务院颁布了《全民健身计划纲要》，号召全社会广泛开展全民健身运动。目前，全民健身运动在国内蓬勃发展，中国特色全民健身体系框架已经初步形成。全民健身运动的开展，有利于提高人们的生活质量，丰富群众的业余文化生活，促进社会进步，还有利于加强社会主义精神文明和物质文明建设，提高我国的综合国力，振奋民族精神。

垒球运动是一项集体对抗性运动。它的传接球、击球和跑垒等，与田径运动中的投掷和奔跑动作十分相近，比较容易掌握。在完成技术动作时，要求参与者具有较快的速度、较强的力量、较好的灵敏性与柔韧性等身体素质。因此，它不仅是一项竞技比赛项目，也是很好的群众健身项目，非常适合在青壮年中开展。

我国垒球运动的社会化、市场化程度远远低于美国、澳大利亚和日本等国家。目前，国家垒球管理部门通过在中小学推广软式垒球等举措，来促进该项目的普及和发展。

2. 国外趋势

放眼世界，美国垒球队在各项赛事中依然保持着一家独大的优势地位。日本在悉尼奥运会后重新网罗了众多国家的垒球高手来到日本参加联赛，将“拿来主义”发挥得淋漓尽致。但垒球运动除了在美洲、亚洲比较受欢迎外，在其他几大洲，特别是在欧洲的普及范围非常有限。因此，在 2005 年的国际奥委会执委会上，垒球以一票之差与 2012 年伦敦奥运会失之交臂。

尽管退出了奥运会比赛项目行列，但垒球运动在世界范围内的发展并不会中断。国际垒球联合会已经制订了相应的“垒球回归奥运”计划，未来将主要致力于在青少年和女性中推广垒球运动，并且要在全世界范围内扩大垒球运动的影响，增加国际垒联成员。

第二节 场地、器材和装备

垒球运动对场地、器材和装备的要求都比较高。高质量的场地是垒球运动开展的前提，而良好的器材和 w 装备是运动参与者发挥较高技术水平的必要保证。

一、场地

垒球运动对场地的要求较高，正规的比赛场地有严格的标准，初学者应该对此有所了解。

（一）规格

1. 垒球比赛场地是一块直角扇形平地，直角的两条边为垒球场地的边线，在女子快速投球比赛中要求其长度至少为 60 米，一般在 60 ～ 70 米之间，直角两边所夹的地面为界内，两边以外的地面为界外，界内和界外都是垒球比赛的有效区域。

2. 界内地区又分内场（红沙土地）和外场（草地）两部分，由直角交点（即本垒）起，在界内画一个边长为 18.29 米的正方形称为内场，内场之外的界内地区称为外场。见图 1-2-1。

图 1-2-1

(二)设施

1. 投手板

投手板是投手投球时脚踏的短板，长 61 厘米，宽 15.2 厘米，用木材、软塑料或橡胶制成，固定在地表，距离本垒 13.1 米。见图 1-2-2。

图 1-2-2

2. 本垒板

本垒板呈五边形，用橡胶制成，固定在地表，与地面平行。它是判断投手投球是否左右偏出的标识，也是跑垒员跑回本垒踏触的垒位。见图 1-2-3。

图 1-2-3

3. 垒包

内场正方形的每个角上各设一个垒位，由本垒起按逆时针的顺序依次称为本垒、一垒、二垒、三垒。垒包呈正方形，使用帆布或其他适当的材料制成，必须牢固地钉在地上。一垒用白、橙两色的正方形垒包。二垒、三垒为白色。见图 1-2-4。

图 1-2-4

二、器材

垒球运动的必备器材是球棒和垒球，良好的器材是垒球运动开展的重要保障。

（一）球棒

1. 规格

球棒长度不得超过 86.4 厘米（34 英寸），重量不得超过 1077 克（38 盎司），圆形球棒最粗处不得超过 5.7 厘米（2.25 英寸）。见图 1-2-5。

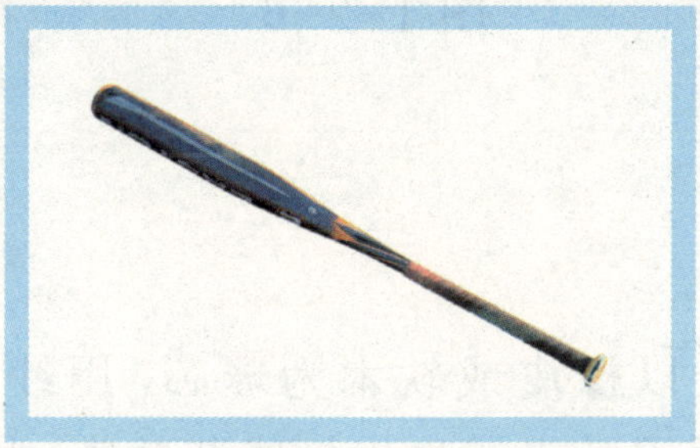

图 1-2-5

2. 材质

球棒由国际垒联审定的金属、竹子、塑胶、碳铅、镁、玻璃纤维、陶瓷或其他合成材料制成。在国际比赛中使用的任何球棒，都必须经过国际垒联的审定。目前在国际比赛中，普遍采用金属球棒。

（二）垒球

1. 规格

垒球圆周长 30 ～ 31 厘米（12 英寸），重 0.18 ～ 0.2 千克

(6.25 ~ 7 盎司)，球体表面用双针缝合，针数不少于 88 针。见图 1-2-6。

图 1-2-6

2. 材质

垒球呈圆形，以橡皮或软木为球芯，用纱线或尼龙线缠紧并涂上胶质，球面用马皮或牛皮与球芯粘牢，用明线缝合，球面应整洁平滑。

三、装备

在进行垒球运动时，舒适得体的装备对运动参与者不但有安全保护作用，还有助于其技术水平的充分发挥。

(一)服装

在参加垒球运动时，最好穿专业的垒球服，同队队员服装的颜色、款式必须一致。不得佩戴任何金属类饰品或其他装饰物，如手表、手镯、耳环和项链等。见图 1-2-7。

图 1-2-7

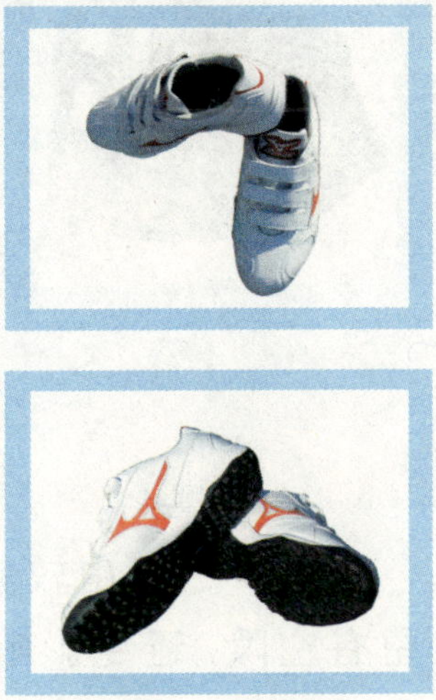

图 1-2-8

（二）球鞋

比赛队员应穿着球鞋，鞋面应由帆布、皮革或类似物质制成。成年赛队员可穿着铁钉鞋，青少年赛队员不得穿着铁钉鞋，可穿胶钉鞋。任何级别的比赛均不得穿着圆金属钉鞋，鞋底不得由硬橡胶、聚氨酯及金属制成。见图 1-2-8。

（三）护具

1. 手套

(1) 投手手套必须为单 颜色，除白色及灰色外，其余颜色均可。

(2) 其他队员可戴拼色手套，但背面不得有白色或灰色圆圈。

(3) 任何队员皆可戴分指手套，但是连指手套仅限接手及一垒手使用。

(4) 任何手套的虎口上端长度（拇指与食指间上端的间隔）

均不得大于12.7厘米，使用皮绳或其他皮制品装置均可。见图1-2-9。

图 1-2-9

2. 面罩

面罩一般由较粗的铁丝按照头面部的形状焊接而成，前面留有空隙，避免影响视线。利用系带固定于头部，保护头面部，防止队员被球、球棒等击伤。见图1-2-10。

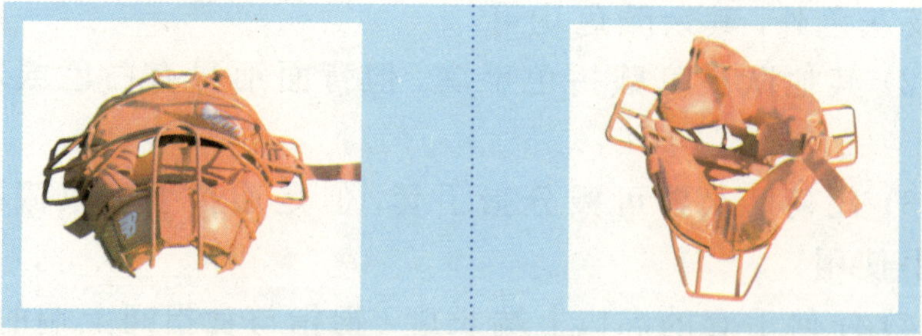

图 1-2-10

3. 护胸

护胸一般由帆布、皮革等材料，按照人体胸腹部的形状缝制而成，内部填充海绵等柔软材料，也是通过系带固定于胸部，防止队员被球、球棒等击伤。见图 1-2-11。

图 1-2-11

4. 接手头盔

接手头盔一般由硬质塑料或金属物质制成，与面罩一起佩戴于接手头部，防止接手头顶部被球或球棒击伤。见图 1-2-12。

图 1-2-12

5. 护腿

护腿由硬质塑料和帆布，按照人体膝关节、小腿和脚的形状制成，膝关节和踝关节可以活动。通过系带固定于小腿部，防止队员被球、球棒等击伤。见图 1-2-13。

图 1-2-13

6. 击球员或跑垒员头盔

击球员或跑垒员头盔由硬质塑料，按照人体头部的形状制成，内部附有海绵等柔软材料，以减少振动和冲击。击球员或跑垒员必须佩戴头盔，防止头部被球击伤，或因与防守队员冲撞而造成伤害。见图 1-2-14。

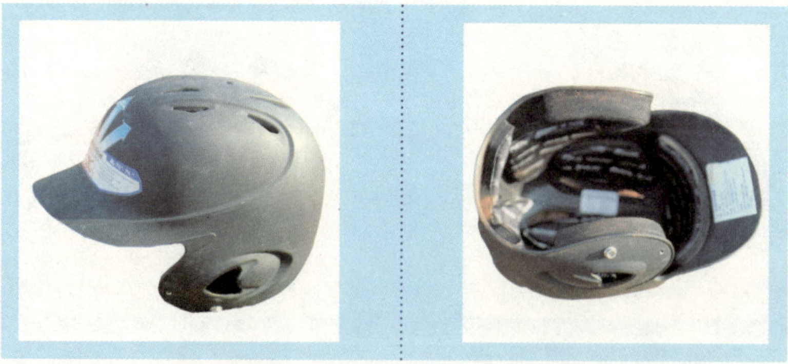

图 1-2-14

2

第二章 运动保健

体育运动对增强体质、预防疾病和促进人体健康具有良好的作用。但是,并非所有人做相同的运动都会达到同样的效果。对于同一种运动负荷,不同的人机体反应差异很大。即使是同一个个体,在不同时期、不同机能状态下,对同一负荷的反应及收到的效果也是不一样的。因此,对于不同个体,应制定适合其机能需要的运动强度、时间、频率和持续周期。从事体育锻炼一定要讲究科学性,使机体最大限度地获得运动价值,使某些疾病得到有效的防治或祛除。

第一节 自我身体评价

自我身体评价是指根据个体的不同情况,以及简单的功能评定标准,对锻炼者进行身体评价,并以此为依据,确定具体的锻炼内容。

一、适宜人群

体适能是全身适应性的一部分,是人体对现代生活的适应能力。为了促进健康、预防疾病、提高生活质量和工作学习效率,几乎所有人都可以追求健康体适能,而且经过简单的评价和测试,均可以成为目标人群,即适宜人群。

(一) 健康体适能评价标准

健康体适能是指身体有足够的活力和精力处理日常事务,不会感到过度疲劳,并且还有足够的精力去享受休闲活动或应付突发事件。

健康体适能是确定锻炼者是否为运动适宜人群的主要依

据。目前的评价标准主要包括国民体质测定标准、学生体质测定标准和普通人群体育锻炼标准等。

国民体质测定标准主要包括形态指标、机能指标和素质指标3部分，各项指标的测定结果为1～5分，共5个级别。凡各项指标达不到4分或5分者，均应纳入健身人群。

学生体质测定标准分为优秀、良好、及格和不及格4个级别。优秀水平以下者，均应被纳入健身人群。

普通人群体育锻炼标准分为5个级别，凡达不到4分或5分者，均应纳入健身人群。

(二)简易运动功能评定

简易运动功能评定的目的在于确定锻炼者有无运动禁忌症或临时运动禁忌，即是否适合参加体育锻炼，以防万一，避免意外事故发生。目前通行的方式为3分钟踏台阶测试。

1. 目的

测试锻炼者运动后心率恢复情况，以评估其心肺功能。

2. 器材

30厘米高的长凳、节拍器、秒表和时钟。见图2-1-1。

3. 步骤

(1) 节拍器设定为每分钟96次，测试者依“上上下下”的节拍运动3分钟，每次踏上台阶应达到直膝，而且先踏上的脚先落下。

(2) 测试者完成3分钟踏台阶后，5秒钟内开始测量脉搏，时间为1分钟，记录下心率，并依据表2-1-1评价功能水平。

(3) 运动后心率越低，证明心肺功能越好，在运动强度允许的范围内，锻炼者可选择运动强度的较高值来进行运动。

4. 注意事项

如测试者经过努力仍无法达标，或出现头晕、胸闷、出冷汗等症状，应立即终止测试。运动中应特别考虑运动强度，以防止出现意外。

图 2-1-1

表 2-1-1（单位：次 / 分钟）

	年龄（岁）	欠佳	尚可	一般	良好	优异
男士	18~25	>115	105~114	98~104	89~97	<88
	26~35	>117	107~116	98~106	89~97	<88
	36~45	>119	112~118	103~111	95~102	<94
	46~55	>122	116~121	104~115	97~103	<96
	56~65	>119	112~118	102~111	98~101	<97
	65+	>120	114~119	103~113	96~102	<95
女士	18~25	>125	117~124	107~116	98~106	<97
	26~35	>128	119~127	111~118	98~110	<97
	36~45	>128	118~127	110~117	102~109	<101
	46~55	>127	121~126	114~120	103~113	<102
	56~65	>128	118~127	112~117	104~111	<103
	65+	>128	122~127	115~121	101~114	<100

二、锻炼目标

锻炼目标应根据锻炼者不同的身体状况来确定，可分为近期目标和远期目标。此外，确定锻炼目标还应结合锻炼者的运动意向、愿望、兴趣，以及本人的健康状况等因素来进行。

(一) 近期目标

近期目标是指锻炼者初期应达到的目标。在进行运动前，应首先明确锻炼目标，即近期目标。选择一两个健康体适能构成要素，作为未来两个月内努力完成的目标，而且应从成功概率较高的构成要素开始，并将预期两个月后要达到的目标做上记号，如提高某个或某些关节的活动幅度，增强某块肌肉或某肌肉群的力量等。

(二) 远期目标

远期目标是指锻炼者最终要达到的目标。实践证明，经过科学合理的锻炼，锻炼者是可以达到一般的远期目标的，如提高心肺功能，使其达到优秀的等级，或达到降血脂和防治高血压、冠心病的目的等。

三、运动负荷

运动负荷即运动量。怎样控制运动量、合适的运动时间是多少等，一直是有争议的问题。但有一点是可以肯定的，任何的意见和建议，都需要综合考虑锻炼者的身体状况和所要达到的目标，并以此为依据来制订科学的身体锻炼计划。

(一)运动强度

在运动过程中，运动强度过小，无法达到锻炼效果；运动强度过大,不仅达不到最佳的锻炼效果,还可能产生一些副作用，甚至出现意外事故。确定运动强度有两种方法，即心率简易推测法和主观感觉疲劳分级表推测法。

1. 心率简易推测法

(1) 年龄在 20 岁左右的年轻人，身体健康，能坚持体育锻炼，欲进一步提高身体机能，可取最大心率值（最大心率值=220- 年龄）的 65% ～ 85%。

(2) 年龄在 45 岁以下，身体基本健康，有运动习惯者，开始进行健身锻炼,可取最大心率值的 65% ～ 80%；没有运动习惯者，开始进行健身锻炼，可取最大心率值的 60% ～ 75%。

(3) 年龄在 45 岁以上，身体基本健康，有运动习惯者，开始进行健身锻炼，可取最大心率值的 60% ～ 75%；没有运动习惯者，建议根据自身情况咨询专业人员来指导和确定运动强度。

2. 主观感觉疲劳分级表推测法

运动的疲劳程度大致分为 10 级，具体为：0 ～ 1 级，没感觉；2 ～ 3 级，尚轻松；4 ～ 5 级，稍累；6 ～ 7 级，累；8 ～ 9 级，很累；10 级，精疲力竭。因此，健身锻炼的运动强度应控制在主观感觉疲劳程度的 4 ～ 7 级之间。

(二)运动频率

运动频率是指每日及每周锻炼的次数。一般每周锻炼 3 ～ 4 次，即隔日锻炼 1 次即可。充足的休息时间可使机体得到充分的休息，能收到更好的锻炼效果。

(三)运动持续时间

运动强度和运动持续时间决定了一次锻炼的运动量和热量消耗。运动持续时间与运动强度成反比，运动强度大，运动持续时间可相应缩短；运动强度小，则运动持续时间相应延长。一般的健身锻炼，运动持续时间以每天 20 ～ 60 分钟为宜，其中包括准备活动时间、健身锻炼时间和整理活动时间。每次健身锻炼应在 20 分钟以上，锻炼可一次性完成，也可分段进行，但每段活动时间应在 10 分钟以上。

第二节 运动价值

运动价值是人们一直在探讨的问题。一般认为，运动具有两个方面的价值，即健身价值和心理价值。身体和精神的健康是相互依存的，伴随着身体功能的改善，精神状况也能同时得到改善。

一、健身价值

健身价值在于提高体适能。体适能包括心肺耐力素质、肌肉力量素质、柔韧性素质和身体成分等。体适能的发展是积极从事锻炼的结果，只有规律性的体育锻炼才能达到最佳的体适能。

（一）提高心肺耐力素质

心肺耐力是指全身肌肉进行长时间运动的持久能力，是体内心肺系统对身体各细胞的供氧能力。人体的心脏、肺、血管、血液等组织的功能是心肺耐力的基础，与氧气和营养物质的输送以及代谢物的清除有关。健全的心肺功能是健康的基本保证。

系统的体育锻炼，可以使心肌增厚，收缩力加强，心室容积增大，从而使心脏的泵血功能增强，表现为心血输出量增加，心脏的能力得到提高。

系统的体育锻炼，也可使呼吸系统机能得到提高，表现为呼吸肌力量增强，肺活量、肺通气量明显增加，呼吸系统的工作能力提高，同时还提高了向机体供氧的能力。

系统的体育锻炼，可以促进血管系统的形态、机能和调节能力，提高机体的工作能力。

系统的体育锻炼，可以使血液系统产生某些适应性变化，如血容量增加、血黏度下降、红细胞膜弹性增强、红细胞变形能力增强等。

（二）提高肌肉力量素质

肌肉力量是指肌肉最大收缩产生的对抗阻力或负荷的能力。肌肉力量只有达到一定程度，才能克服外界阻力，而克服外界阻力是维持日常生活自理能力，从事各种劳动和运动的必要前提。

系统的体育锻炼，可以提高肌肉的生理横断面积，改善神经系统对肌肉收缩的支配功能，还可以提高肌肉内代谢物质的储备量，以有效地提高肌肉质量，使肌肉力量得到提高。

（三）提高柔韧性素质

柔韧性是指人体各关节的活动幅度，即关节的肌肉、肌腱和韧带等软组织的伸展能力。柔韧性对于保证正常生活质量、维持正常体态、预防损伤发生和减轻损伤程度等方面均起着至关重要的作用。

通过系统的体育锻炼，可以延缓因年龄因素而导致的身体柔韧性下降，预防因缺乏运动而导致的关节结构、周围软组织和膝关节肌肉退化，从而使锻炼者在日常生活、劳动和运动时充满活力。

(四)改善身体成分

身体成分是指人体体重中的脂肪组织和去脂组织的重量百分比。身体成分中的脂肪成分增加,肌肉成分必然下降。身体中不具备收缩功能的脂肪组织增加,必然导致身体进行各种活动的能力下降、基础代谢水平降低和肥胖症、冠心病、高血压、糖尿病、高血脂等慢性疾病发病率的升高。因此,合理的身体成分是保证人体健康的重要内容之一。

系统的体育锻炼可以使锻炼者的体质得到增强,这样,热量消耗便会随之增加,进而燃烧体内多余的脂肪,使身体成分得到改善。而身体成分的改善,又可以减少体重对关节带来的不利影响,还可以使肥胖者的心理状况得到改善,增强其自信心,逐步建立健康的生活方式。

二、心理价值

研究证明,体育锻炼不但可以使锻炼者增强体质、促进身体健康、预防慢性疾病,还可以提高锻炼者的生活满意度和生活质量,对其心理健康产生明显的积极影响。

体育锻炼的心理健康效应主要表现在以下 6 个方面:

(一)改善情绪状态

1. 短期效应

研究发现,体育锻炼对人的情绪状态具有显著的短期效应。运动后人们的焦虑、抑郁、紧张和心理紊乱程度显著减轻,而精力和愉快程度则显著增强。这种情绪的迅速变化,与锻炼者个体的健康状况、活动形式和活动强度等有直接的联系。

2. 长期效应

体育锻炼对人情绪的长期效应有直接影响,与不锻炼者相比，有规律的锻炼者在较长时期内很少会产生焦虑、抑郁、紧张和心理紊乱等情绪。

(二)完善个性行为特征

人的行为特征一般可以分为两种类型，用A型行为特征和B型行为特征来表示。A型行为特征主要表现为性情急躁、争强好胜、容易激动、整天忙碌等；B型行为特征主要表现为不好竞争、不易紧张、不赶时间、待人随和、喜欢自由自在等。具有A型行为特征的人由于过度紧张的情绪反应，会引起内分泌失调，增加心脏病发病的概率。目前的一些研究主要集中在体育锻炼

表 2-2-1 A、B 型行为特征表现

A型行为特征者常见表现	B型行为特征者常见表现
约会从来不迟到	对约会很随便
竞争意识很强	竞争意识不强
别人要讲话时总爱抢先或插话	别人讲话时是很好的听众
总是匆匆忙忙	即使有压力也从不匆忙
等待时缺乏耐心	能够耐心等待
做事全力以赴	处事漫不经心
同时想做很多事	在一定时间里只做一件事情
讲话喜欢加重语气，甚至敲桌子	讲话语速缓慢、不慌不忙
做了好事希望能得到别人的承认	只要自己满意即可，不管别人怎么想
吃饭、走路都很快	没什么业余爱好
不善与人相处	为人随和
容易暴露自己的情感	能控制自己的感情
具有广泛的兴趣	满足于目前的工作和学习状况
胸怀雄心壮志	做事情很慢

对改变A型行为特征的作用方面。研究结果表明，有规律的体育锻炼能明显改变A型行为特征，使其发生显著的积极变化。见表2-2-1。

（三）确立良好的自我概念

自我概念是指个体对自己身体、思想和情感的主观整体评价，由许多自我认识组成，包括我是什么人、我主张什么和我喜欢什么等。

坚持体育锻炼，可以使锻炼者体格强健、精力充沛、提高驾驭身体的能力，从而改善对自身的满意程度，确立良好的自我概念。

（四）改变睡眠模式

根据脑电图显示，人的睡眠可以分为两种状态，即慢波睡眠状态和快波睡眠状态，前者为浅度睡眠状态，后者为深度睡眠状态。一夜之间两种睡眠状态会交替发生4～5次。

有规律的体育锻炼不仅对慢波睡眠有改善作用，而且能缩短入眠的潜伏期，延长睡眠时间。

（五）改善认知能力

体育锻炼还能改善人的认知过程，避免反应时间过长、注意力不集中和思维混乱等症状的发生，尤其对老年人认知能力的改善效果更为明显。

（六）增强心理治疗效应

体育锻炼被公认为是心理治疗的好方法。目前，人群中常见的心理疾病是抑郁症和焦虑症。研究发现，体育锻炼是治疗抑郁症的有效手段之一。抑郁症患者经过有规律的体育锻炼，能显著减轻症状。

体育锻炼还具有治疗焦虑症的作用，通过有规律的体育锻炼，锻炼者的焦虑症状可以得到明显缓解。

第三节 运动保护

在运动过程中，人体机能会随时发生变化。因此，应针对这个特点来进行体育锻炼，也就是我们所说的运动保护。运动保护一般包括运动前准备、运动后放松和自我养护 3 个方面。

一、运动前准备

准备活动是指在正式运动之前进行的有目的的身体练习。做好充分的准备活动，可以缩短机体进入最佳状态的时间，同时还可以预防运动损伤的发生，为机体发挥最大的工作效率做好功能上的准备。

(一) 准备活动的作用

1. 提高中枢神经系统兴奋状态

(1) 使大脑反应速度加快，参加活动的运动中枢神经间相互协调。

(2) 为正式运动时生理机能达到适宜程度提前做好准备。

2. 提高机体代谢水平

(1) 准备活动可以使锻炼者体温升高，降低肌肉黏滞性，使肌肉的伸展性、柔韧性和弹性增强，从而有效预防运动损伤的发生。

(2) 准备活动可以增强体内代谢酶的活性，使物质代谢水平提高，以保证运动时有较充分的能量供应。

3. 克服内脏器官生理惰性

(1) 准备活动可以提高心血管系统和呼吸系统的机能水平，使肺通气量及心血输出量增加。

(2) 可以使心肌和骨骼肌的毛细血管扩张，使其工作肌获得更多的氧，从而克服内脏器官的生理惰性，使之尽快达到最佳状态。

4. 增加皮肤毛细血管血流量

准备活动可以使皮肤毛细血管的血流量增加，运动后毛细血管扩张，有利于散热，降低体温，有效防止正式活动时由于体温过高而影响运动能力。

(二) 准备活动的要求

1. 准备活动的时间

(1) 准备活动的时间可以根据运动项目的具体情况确定，一般以 10 ～ 30 分钟为宜。

(2) 准备活动与正式运动的间隔时间，一般以不超过 15 分钟为宜，可以在做完准备活动后立刻进行正式运动。

2. 准备活动的强度

(1) 准备活动的强度和量应较正式运动小，以免引起疲劳。

(2) 准备活动的量可以由心率决定，心率以 100 ～ 120 次 / 分钟为宜。

(三) 一般性准备活动

一般性准备活动的内容多以伸展运动开始，然后进行一般性的跑步、徒手体操等活动。

下面介绍一套常用的一般性准备活动操，供锻炼者运动前使用。这套活动操主要包括头部运动、肩部运动、扩胸运动、体侧运动、体转运动、髋部运动和踢腿运动等。

1. 头部运动

两手叉腰，两脚左右开立，做头部向前、向后、向左、向右，以及绕环运动。见图 2-3-1。

图 2-3-1

2. 肩部运动

手扶肩部，屈臂向前、向后绕环，以及直臂绕环。见图 2-3-2。

图 2-3-2

3. 扩胸运动

屈臂向后振动及直臂向后振动。见图 2-3-3。

图 2-3-3

4. 体侧运动

两脚左右开立，一手叉腰，另一臂上举，并随上体向对侧振动。见图 2-3-4。

图 2-3-4

5. 体转运动

两脚左右开立，两臂体前屈，身体向左、向右有节奏地扭转。见图 2-3-5。

图 2-3-5

6. 髋部运动

两脚左右开立，两手叉腰，髋关节放松，向左、向右 360 度旋转。见图 2-3-6。

图 2-3-6

7. 踢腿运动

两臂上举后振，同时一腿向后半步，重心置于前腿，两臂下摆后振，同时向前上方踢腿。见图 2-3-7。

图 2-3-7

二、运动后放松

运动后放松是指运动后进行的一些能够加速机体功能恢复的、较轻松的身体活动。与运动前的准备活动相反，其目的是使锻炼者的生理机能水平逐步得到恢复。

(一)放松方法

1. 运动性手段

(1) 运动结束后，锻炼者可采用变换运动部位的方法来消除疲劳，如上肢出现疲劳时可做一些慢跑运动，下肢出现疲劳时，可做一些上肢运动。

(2) 转换运动类型也是一种不错的放松方法，如打羽毛球出现疲劳时可做瑜伽来达到放松的目的。

(3) 还可以用调整运动强度的方法来缓解疲劳，如可以在放松过程中，采用小强度的轻微运动方法等。

2. 整理活动

(1) 整理活动是指运动后所做的一些能够加速机体功能恢复的身体活动，如剧烈运动后进行 3 ～ 5 分钟慢跑或其他整理活动，使身体机能得以恢复。

(2) 剧烈运动后若不做整理活动而骤然停止动作，会影响氧气的补充和静脉血的回流，使机体血压降低，引起不良反应。见图 2-3-8。

(二) 注意事项

1. 在进行整理活动时动作应缓慢、放松，运动量不要过大，否则会引发新的疲劳。

2. 在进行整理活动时，应当保持心情舒畅、精神愉悦。

图 2-3-8

三、自我养护

锻炼后，锻炼者感觉身体疲劳是一种正常的生理现象，是体育锻炼过程中的正常反应。随着体育锻炼时间的延长，疲劳症状自然会消失。运动性疲劳出现后，锻炼者如果采用一些自我养护措施，可以加速身体机能的恢复，尽快消除疲劳，提高锻炼效果。常见的自我养护方法主要包括运动后休息、合理营养和物理手段。

(一) 运动后休息

1. 静止性休息

(1) 静止性休息是指锻炼者运动后保持机体相对静止的状态，以促进身体机能恢复，尽快消除疲劳。

(2) 静止性休息的最佳方式是睡眠，特别是刚开始从事锻炼者，身体不适应或疲劳症状明显时，更应该保证充足的睡眠，否则，锻炼者虽然积极参加了体育锻炼，但收效甚微，甚至会导致过度疲劳症状的发生。

(3) 静止性休息更适合消除全身运动导致的整体疲劳症状。见图 2-3-9。

图 2-3-9

2. 积极性休息

(1) 积极性休息更适合由于少量肌肉群参与工作而导致的局部疲劳，或运动强度较大而导致的快速疲劳。

(2) 积极性休息可以加速血液循环，有利于代谢物排出体外，对促进身体机能的恢复具有明显的效果。见图 2-3-10。

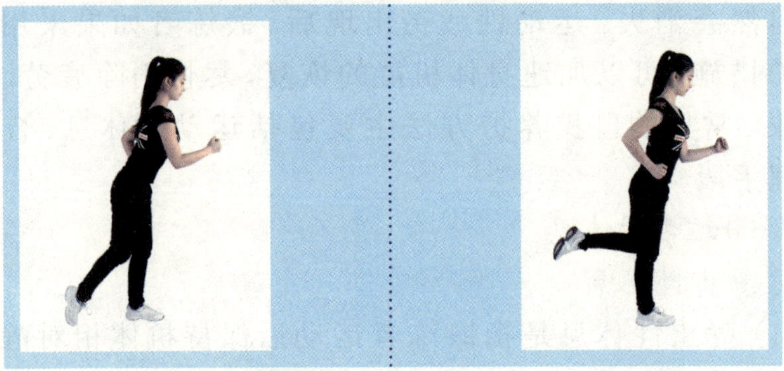

图 2-3-10

(二) 合理营养

小强度、长时间的运动形式，主要是靠糖原的有氧代谢提供能量。运动后应及时补充淀粉类食物，如面粉、大米等，以促进糖原的合成。随着人民生活水平的提高，在饮食结构中，肉类食品的比重不断增加，而淀粉类食品的比重逐渐减少，这一现象应当引起人们的注意。特别是老年人参加体育锻炼，更应注意对淀粉类食物的补充。

强度较大、时间又相对较长的运动形式，主要是靠糖原的无氧代谢提供能量。这样，糖原无氧代谢产物——乳酸便会在体内大量堆积。因此，运动后应多补充蔬菜、水果等碱性食品，以加速乳酸的清除，尽快消除疲劳。见图 2-3-11。

图 2-3-11

（三）物理手段

1. 按摩及牵拉

（1）通过按摩刺激神经末梢、皮肤结缔组织和毛细血管，可以使紧张的肌肉得以放松，从而改善局部组织，加速全身的血液循环，达到促进身体机能恢复的目的。这种方法可以在锻炼后马上进行。

（2）此外，还可以采取缓慢牵拉肌肉的方法，使收缩的肌肉得到充分的伸展放松。见图 2-3-12。

图 2-3-12

2. 水疗及电疗

（1）水疗包括芬兰式蒸汽浴、热水浴和桑拿浴等多种形式，主要作用是通过提高体温促进血液循环，清除代谢物，以达到尽快消除疲劳、恢复体力的目的。

（2）水疗的时间一般以不超过 30 分钟为宜，如果时间过长，会进一步消耗体力，严重时甚至会出现暂时性脑缺血现象。

（3）如果条件允许，还可以对疲劳的肌肉进行低频治疗。低频治疗仪的原理是模拟针灸疗法，使用时将电极用不干胶对称地粘贴在运动部位表皮上。这种疗法可以促进局部血液循环，改善组织代谢，缓解肌肉酸痛，消除疲劳。

3 第三章 基本技术

基本技术是进行垒球比赛以及在比赛中完成各种战术的基础，是获得比赛胜利的关键。垒球比赛的基本技术分为防守技术和进攻技术两大类。防守技术包括接球技术、传球技术、投球技术、接手技术和防守各位置技术与职责等；进攻技术包括击球技术和跑垒技术等。

第一节 接球技术

接球技术是垒球运动防守中最重要的技术之一，是阻止进攻方上垒、进垒以及得分的主要手段。接球技术包括手套戴法、接平直球技术、接高飞球技术和接地滚球技术等。

一、手套戴法

接球手套是垒球防守队员接球的装备，手套佩戴得正确、适当与否，直接影响接球的准确与稳定与否。因此，应根据个人手形和手的大小，在正确佩戴方法的指导下略作调整，力求做到舒适和便于控制。

1 动作方法

(1) 按照手套中各手指的位置，将接球手插入手套中。

(2) 手掌根部与手套的下沿齐平，食指可以放在手套背层的外面，接球是通过手套的张合来实现的。

(3) 来球时，手掌张开，对准来球方向，以拇指与食指中间形成的凹兜为接球的部位，球进入凹兜后便合上手套，控制住球。见图 3-1-1。

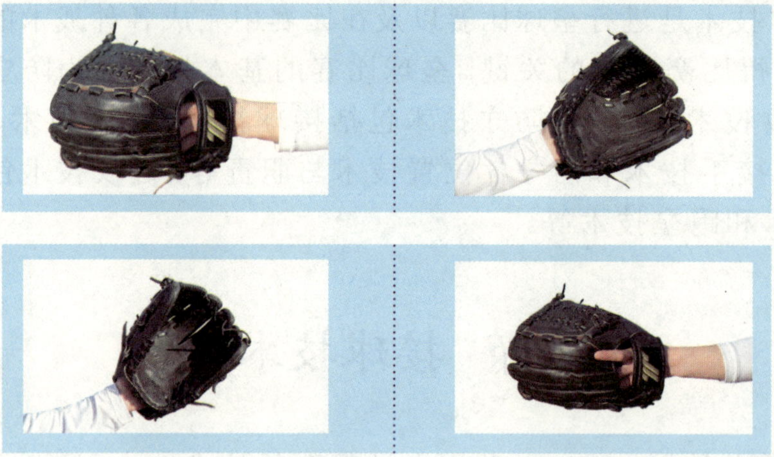

图 3-1-1

2. 技术要点

佩戴手套时，手掌根部与手套的下沿齐平，根据个人手形与习惯，可略深些或略浅些，以便于控制和应用舒适为宜。

3. 错误纠正

练习时易出现接球手套戴得过深或过浅等问题。因此，应以手掌根部与手套的下沿齐平为准。

4. 伤害预防

在使用手套时，为减少手指因经常做张合运动而产生的疲劳感，应做好充分的准备活动，并注意劳逸结合，及时放松。

二、接平直球技术

接平直球技术是垒球比赛中应用最多的技术之一，除了接对方击出的平直球外，多以接同伴传出的平直球为主。在防守中，平直球因其速度快、落点准等特点而成为传球技术的首选。

因此，接平直球技术在垒球运动中占有重要地位。

1. 动作方法

(1) 两脚平行站立，与肩同宽，上体略前倾，两膝略屈，目视来球，两臂放松弯曲。

(2) 手套凹兜对准来球方向，另一只手拇指与接球手拇指靠拢，并与其他四指贴在手套后面。

(3) 球进手套时，手指、手腕及肘关节顺势缓冲，同时合上手套，另一只手迅速翻腕，向前，保护来球，避免其从手套中脱落。见图 3-1-2。

2. 技术要点

(1) 注意力集中，始终目视来球。

(2) 以手套凹兜对准来球，球进手套瞬间顺势缓冲。

(3) 尽量两手协调配合接球。

3. 错误纠正

接平直球时易出现手套挡住视线等问题。因此，目光要一直盯住来球，直到球进入手套为止。

4. 伤害预防

接平直球时，为避免因手套凹兜未对准来球，导致球击手掌造成伤害，应加强对球的判断，注意力集中，用手套的正确位置接球。

图 3-1-2

三、接高飞球技术

接高飞球技术是垒球比赛中的重要技术之一，主要以接击球员击出的高飞球为主。准确接住击出的高飞球是完成“接杀”，阻止对方进垒的关键；相反，一旦漏接，后果也比较严重，往往会使对方顺利进垒甚至得分。因此，应熟练掌握接高飞球技术，做到对准、接稳。

1. 动作方法

(1) 接高飞球与接平直球的方法相似，但需要将手套上举。

(2) 接球时，首先判断来球路线，迅速移动到位，两脚左右开立或略前后站立，目光始终盯住来球，手套在面部前上方接球。

(3) 球刚刚进入手套时须顺势缓冲，另一只手迅速上前进行保护，注意手套不要挡住视线。见图 3-1-3。

2. 技术要点

(1) 迅速判断来球的路线和落点，快速移动到位。

(2) 两手接球，注意对球的保护。

3. 错误纠正

练习时易出现单手接球，对球保护不够，球进手套后又弹出等问题。因此，应加强对球的保护，养成用两手接球的习惯。

4. 伤害预防

为避免用手掌部位接球，对手掌产生伤害，应加强对球的判断，用手套的正确位置接球，加强接球练习，切忌用手套挡住视线或接球瞬间闭眼。

图 3-1-3

四、接地滚球技术

接地滚球技术也是垒球运动中的重要技术之一，比赛中运用较多。由于地滚球受地面平整度的影响较大，容易产生弹跳，突然变向等情况，对接球员来说有一定的难度。比赛中也经常会出现漏接或接不准的现象，给进攻方以可乘之机。因此，应熟练掌握接地滚球技术，避免技术失误的发生。

图 3-1-4

1. 动作方法

(1) 判断来球路线后迅速移动到位，身体正对来球。

(2) 两脚左右开立，上体前倾，屈膝。

(3) 手套上翻、张开，对准来球，手套前沿贴近地面，手掌根部略立起。

(4) 另一只手贴在手套后面，球进手套后顺势缓冲，合手套，另一只手迅速进行保护，避免球弹出。见图 3-1-4。

2. 技术要点

(1) 注意力高度集中，准确判断来球的方向、落点及运行的轨迹，迅速移动到位。

(2) 两手接球，注意对球的保护。

3. 错误纠正

接地滚球时易出现手套前沿没有贴近地面、漏接、手掌根部立的角度不够等问题。因此，手套与地面之间应尽量不留空隙，与地面的距离以球不能漏过为准，手掌根部略向前顶，手套根据来球立起一定角度。

4. 伤害预防

由于地滚球受地面的影响较大，轨迹容易产生变化，为避免出现球沿接球手臂上窜而造成伤害的情况，应注意接球手掌根部立起一定角度，顶住来球，防止球上窜。

第二节 传球技术

传球技术也是垒球运动防守中最重要的技术之一，它同接球一样，也是阻止进攻方上垒、进垒以及得分的主要手段，通常与接球动作配合进行。传球技术包括握球方法、肩上传球、体侧传球和下手传球等。

一、握球方法

握球方法是传球的基础，正确合理地握球能够提高传球的速度和准确性。握球时，应以便于有效控制球为原则。如时间允许，尽量将手指压在垒球的缝线上，以增加摩擦力，提高控球能力。根据个人的手形及手指长短的不同，握球方法分为三指握法和四指握法两种。

(一)三指握法

1. 动作方法

食指、中指和无名指分开，贴于球的上面，拇指扶球的左下侧，小指略屈，托球的右下侧。见图 3-2-1。

2. 技术要点

以能够有效控制球为原则，手掌、手心和虎口不要触球，食指、中指和无名指尽量压在球的缝线上。

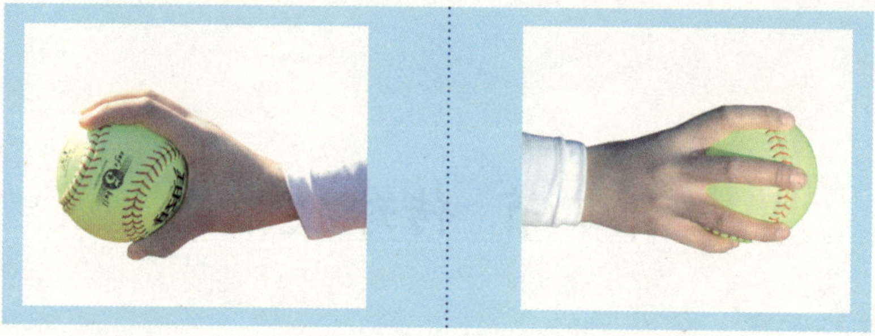

图 3-2-1

3. 错误纠正

握球时，易出现手掌、手心和虎口触球等问题。因此，应重点强调手指控球，手心空出，形成良好的握球方法。

4. 伤害预防

为避免因手指与球用力接触，而造成手部疲劳或手指擦伤，应注意握球的松紧程度。

（二）四指握法

1. 动作方法

(1) 食指、中指、无名指和小指分开贴于球的上面，拇指在侧下方。

(2) 与三指握法相比，食指、中指、无名指之间略靠拢，小指上移，靠近无名指。见图 3-2-2。

2. 技术要点

以能够有效控制球为原则，手掌、手心和虎口同样不要触球，主要用手指控球，食指、中指、无名指及小指尽量压在球的缝线上。

3. 错误纠正

握球时，易出现手掌、手心和虎口触球等问题。因此，应重点强调手指控球，手心空出，形成良好的握球方法。

4. 伤害预防

为避免因手指与球用力接触，而造成手部疲劳或手指擦伤，应注意握球的松紧程度。

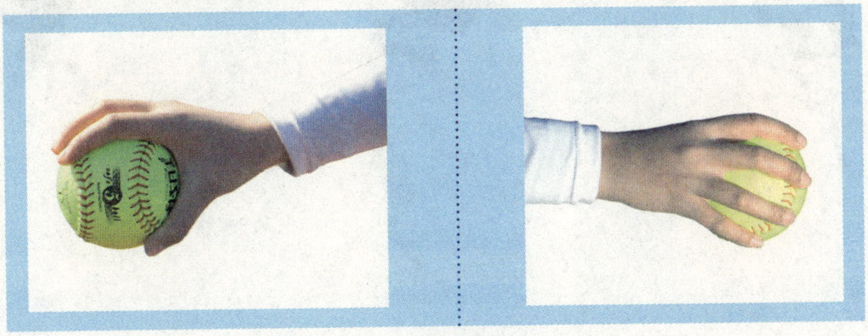

图 3-2-2

二、肩上传球

肩上传球因速度快、传球准、便于学习等特点成为垒球运动中最基本、使用最多的传球方法。这种方法在内场之间以及内外场之间被广泛使用，多以传中、远距离球为主。

1. 动作方法

(1) 两脚开立，与肩同宽，上体略前倾，右手持球于手套中，两手置于胸前，目视传球方向。

(2) 持球手臂提肘屈腕后引，右肩带动身体向右转动，重心落在右脚上，引臂至上臂与肩齐平，左脚向前伸踏一小步，同时右脚蹬地，转髋，转体，挥臂，手臂以鞭打动作传球，手指用力拨球，传球出手，左臂后摆，保持身体平衡。

(3) 球出手后，右臂顺势前摆，身体跟上，右脚向前迈步，保持身体平衡。见图 3-2-3。

图 3-2-3

2. 技术要点

传球时动作要协调，球出手的瞬间手指要用力拨球，身体重心顺势前移。

3. 错误纠正

传球时易出现上臂上举不够，手腕不够放松等问题。因此，应强调上臂高抬，多做模仿练习，注意手腕放松。

4. 伤害预防

为避免因传球用力或方法不当而造成肩关节、肘关节的拉伤，应在练习前做充分的准备活动，充分拉伸肩肘关节，注意劳逸结合，逐渐提高传球的准确性，切勿操之过急。

三、体侧传球

体侧传球是垒球运动中的基本传球方法之一，多用于接截较低来球。由于时间紧迫，须迅速传球。内场防守时，传快速球或近距离球时应用较多。

1. 动作方法

(1) 传球时，两脚开立，屈膝，上体前倾。持球手在体侧屈肘后引，重心落在右脚上，左脚向前伸踏一小步（也可不用伸踏）。

(2) 右脚蹬地，转髋，上臂带动前臂在体侧前挥。

(3) 屈腕、拨指传球，身体顺势跟上。见图 3-2-4。

2. 技术要点

接截来球后，手臂持球迅速后引，上臂带动前臂在体侧前挥，出手瞬间手指拨球。

图 3-2-4

3. 错误纠正

传球时易出现手臂用力不当，没有鞭打动作，拨球动作不充分，传球不准等问题。因此，应以上臂带动前臂做鞭打动作传球，多做模仿练习，加强对球的控制。

4. 伤害预防

为避免因手臂侧摆而造成肩关节、肘关节和腕关节的拉伤，应做好充分的准备活动，保持关节的灵活性，避免肌肉僵硬。

四、下手传球

下手传球多用在距离较近，垒位附近的传杀或两杀配合中。其特点是传球动作简捷，便于接球。

1. 动作方法

传球时上体略前倾，两脚可左右开立，也可前后开立，持球手臂在体侧略向后引，持球手掌心向前，经体侧前摆，手臂、手腕自然伸直送球，手指略拨球前送，身体顺势跟上。见图 3-2-5。

图 3-2-5

2. 技术要点

以前臂前摆，用手指、手腕的力量传球，注意控制球的速度和弧度。

3. 错误纠正

练习时易出现拨球力量过大等问题。因此，应注意拨球力量要适度。

4. 伤害预防

为避免对肘关节造成伤害，应保持手臂的适度紧张。

第三节 投球技术

投球是垒球比赛的开始，也是比赛的关键。通过投球，可以有效遏制对方的进攻，限制对方上垒和得分。变化地投球，可以使防守方变被动为主动，并能有效制约比赛，取得胜利。投球技术包括准备动作、后摆投球和绕环投球等。

一、准备动作

尽管后摆投球、绕环投球等投球方法在技术环节上存在不同之处，但在准备动作上基本相同，都分为握球方法、踏板方式和身体姿势。

(一)握球方法

1. 动作方法

一般采用三指握球法，在握球时要握得紧些，手指尽量压在球的缝合线上，可横向压线也可纵向压线，以拇指、中指和食指用力为主。见图 3-3-1。

2. 技术要点

以有效控制球为原则，手指尽量压在球的缝合线上。

3. 错误纠正

握球时易出现手心触球等问题。因此，应注意以手指控球为主。

4. 伤害预防

为减少因手部触球而产生的擦伤，应注意手部放松。

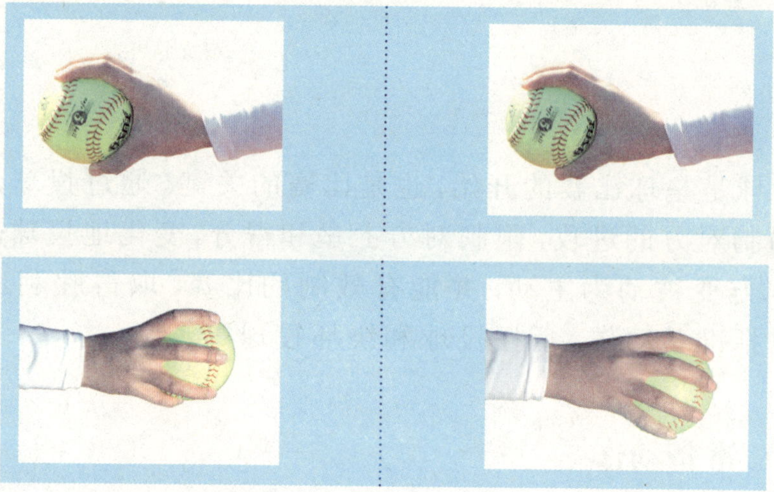

图 3-3-1

(二)踏板方式

1. 动作方法

投手准备投球时，两脚要踏在投手板上，可平行站立，两脚踏触投手板前沿位置，两脚距离略小于肩宽。也可前后开立，左脚略靠后些。见图 3-3-2。

2. 技术要点

用前脚掌踏触投手板前沿，两脚距离要适当。

3. 错误纠正

踏板时易出现前脚掌过前或过后，造成投球时蹬板不稳等问题。因此，应以能充分蹬地为原则，适当调整踏板位置。

4. 伤害预防

为避免因踏板位置不当而造成踝关节扭伤，应调整好踏板位置，控制好重心。

图 3-3-2

（三）身体姿势

1. 动作方法

投手准备投球时，身体应自然直立，保持放松，两脚平行或前后站立于踏板上，右手握球于手套中，两手置于胸腹间，两肩与一、三垒连线平行，目视接手。见图 3-3-3。

图 3-3-3

2. 技术要点

面向本垒板，遵守投手规则，注意身体放松。

3. 错误纠正

练习时易出现身体过于紧张等问题，因此应注意适当放松。

4. 伤害预防

为避免因突然用力而造成腰部和手臂的外伤，投球前应保持良好的心态，做好全身的准备活动。

二、后摆投球

后摆投球是垒球的投球方法之一，通过跨步、蹬地、摆臂等全身协调用力，来加快球的速度；通过手指的拨送，使球的运行轨迹产生变化，可投出很多变化球，是一种有效的投球方法。

1. 动作方法

(1) 两脚平行或前后站立于踏板上，持球手三指或四指握球，手指压在球的缝合线上。

(2) 右臂直臂从体侧向后上方摆动，同时上体前倾，左肩向前，重心移至右腿。

(3) 右臂后摆接近最高点时，左脚向前跨出一大步，右脚蹬地，重心向左脚移动，同时转髋，上体带动手臂加速向前下方摆动，手臂贴近体侧前摆至体前，手指、手腕用拨送动作将球投出。

(4) 投球后身体跟进，上体前倾，做好防守准备。见图3-3-4。

2. 技术要点

(1) 持球手臂直臂后摆，不要弯曲。

(2) 持球手臂摆至最高点后，左脚前跨，右脚蹬地，转髋，带动右臂加速前摆，出手瞬间用手指拨送球，控制好出球轨迹。

图 3-3-4

3. 错误纠正

练习时易出现手脚配合不协调，控球能力不好，动作不连贯等问题。因此，应多做徒手模仿练习和原地拨送球动作，控制球的位置。

4. 伤害预防

为避免因蹬地转髋和手臂加速摆动而造成踝关节、膝关节、肘关节和腰部的损伤，应做好充分的准备活动，同时注意力量的控制，不可盲目加力，疲劳后应及时放松。

三、绕环投球

绕环投球是目前垒球比赛中应用较多的投球方法，这种方法增大了绕环角度，使投出的球速度加快。同时这种方法也便于控制出球，能够投出多种变化球。

1. 动作方法

(1) 投球时，两脚前后站立于踏板上，重心在右脚，右手握球，手指压在球的缝合线上，右臂沿体侧向后预摆，然后加速向前摆动。

(2) 右脚蹬地，左脚向前跨步，右臂以肩关节为轴绕环 360 度，摆至最高点后加速下摆。

(3) 肘关节、腕部和手掌外展，借助右脚蹬地、身体前移的力量，带动右臂加速前摆，摆至髋部时，手腕、手指拨送球，投球出手，身体前移，做好防守准备。见图 3-3-5。

2. 技术要点

出手投球瞬间手指拨送球，控制好出球轨迹。

①
②
③

④
⑤-(1)
⑤
(2)
⑥
⑦-(2)
⑧
⑦-(1)

图 3-3-5

3. 错误纠正

练习时易出现手脚配合不好，上下肢动作不连贯等问题，因此，应多做徒手模仿练习，体会动作要领。

4. 伤害预防

为避免因蹬地转髋和手臂加速摆动而造成踝关节、膝关节、肘关节和腰部损伤，应做好充分的准备活动，同时注意控制力量，不可盲目加力，感觉疲劳时应及时放松。

第四节 接手技术(以左手为例)

接手技术是防止对方上垒、进垒及得分的重要技术。稳定地接球能够有效遏制对手的进攻，对防守起着重要的作用。

1. 动作方法

(1) 接手可以选择全蹲式，两脚左右开立，屈膝全蹲，膝关节外展，臀部贴于小腿，上身保持挺直，两脚的脚后跟略抬，前脚掌支撑身体，手套置于胸前，掌心向前，手指向上，另一只手置于身后或手套拇指的侧后方。

(2) 接手也可以选择半蹲式，两脚开立，略宽于肩，也可左脚略靠前，大腿与地面平行，上身略前倾，手套置于胸前，掌心向前，手指向上，另一只手置于身后或手套拇指的侧后方，投手投球过低时应及时翻转手套，手指向下，掌心向前。见图 3-4-1。

2. 技术要点

接手可根据场上情况采用半蹲或全蹲姿势接球，一般垒上无人时采用全蹲姿势接球，垒上有人时多采用半蹲姿势，便于接球后向垒上传球。

3. 错误纠正

下蹲时易出现全脚掌支撑，身体移动不便等问题。因此，应用前脚掌支撑，多做蹲起移动练习。

4. 伤害预防

为防止球打中身体或者球棒伤及身体，接手接球时，应佩戴好护具，注意力高度集中，在比赛中要与击球员保持适当距离。

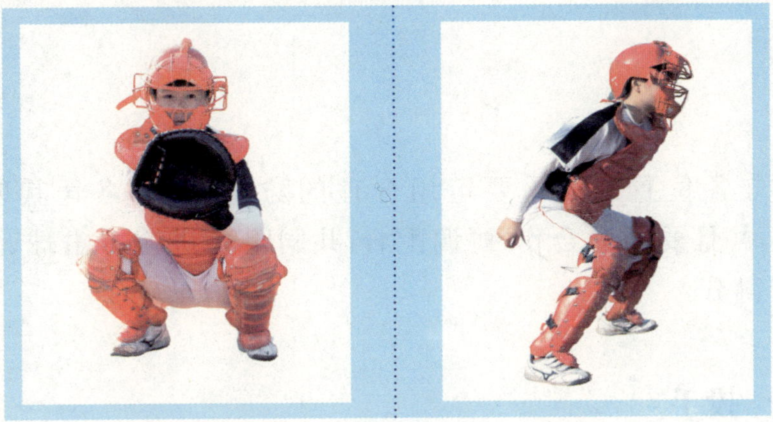

图 3-4-1

第五节 防守各位置技术与职责

防守各位置的队员要运用合理的防守技术，各司其职，各负其责，并且要通力合作，协调配合，共同阻止进攻方击球、上垒、进垒和得分。

一、投手

比赛中投手（也称1号位）处于全队防守的核心位置，主要职责是投球，同时也是防守的第一道屏障，其始终处在对方进攻的最前沿，因此投手技术的好坏对比赛的影响最大。比赛中投手除了应具有出色的投球能力外，还要有良好的传接球技术，同时，良好的心理素质、清醒的头脑以及敏锐的洞察力也是必不可少的。

1. 防守位置与技术

(1) 投手处于内场的中心，是距离球最近的防守队员，也是防守的第一道屏障。

(2) 通过良好的投球技术，向击球员发起主动进攻，破坏其击球，尽量投杀对手。

(3) 投球后转入防守，通过接球或传球技术接杀或传杀击跑员或跑垒员。

(4) 在投球被击到远离自己的位置后，及时观察球的运行，当同伴接截球传向垒位时，应及时跑动到接球同伴的身后补位，防止漏接和“暴传”(指传球过高、过低或过偏而造成无法接住球的现象)。

(5) 在防守垒位的同伴离垒防守时，应及时补垒，协助离垒同伴防守其垒位。见图 3-5-1。

图 3-5-1

2. 防守职责

(1) 比赛中投手的首要任务是投球，争取与接手默契配合投杀击球员，其次是防守好自己的区域，最后要及时补位和补垒。

(2) 由于投手的重要性和特殊性，在集体防守时，同等情况下应以其他队员参与防守为主，尽量保护投手。

3. 错误纠正

练习时易出现投手身兼数职，场上形势发生变化时反应不及时等问题。因此，应在平时训练时模拟场上可能发生的多种情况，加强与接手、一垒手、二垒手和三垒手的协调配合，明确投手在不同形势下的行动。

4. 伤害预防

为避免被球击中身体而造成伤害，防守时投手应高度集中注意力。

二、接手

接手（2 号位）也称捕手，位于本垒板后方，面向全场，是全队防守的中坚，也是全队防守的指挥员。

1. 防守位置与技术

(1) 接手的主要防守位置是对方进攻的最后一个垒位——本垒。

(2) 通过接球技术，接截本垒附近的来球，以及触杀或封杀跑向本垒的跑垒员。见图 3-5-2。

图 3-5-2

2. 防守职责

(1) 比赛中，接手根据击球员的站位以及击球特点，结合场上情况，通过手势向投手传达投球信号，与其一道破坏击球员击球。

(2) 接手还肩负着指挥全场防守的重任，通过其敏锐的观察力和良好的比赛能力，随时调整场上的防守。

(3) 接手与二垒手或游击手配合，可以防止投球时一垒跑垒员盗垒，同时积极协助一垒手和三垒手及时补位、补垒。

3. 错误纠正

练习时易出现接手漏接等问题。因此，应在接球时集中注意力，可充分利用护具接堵来球。

4. 伤害预防

由于接手防守的本垒是进攻方争夺的焦点，跑垒员与接手冲撞在争夺本垒时经常发生，难免会对接手造成身体伤害，因此在防守时，接手要随机应变，避免冲撞。

三、一垒手

一垒手（也称 3 号位）的防守是垒球比赛中重要的防守位置，因为一垒是进攻必须首先占领的垒位，也是得分和取胜的基础，这就使双方对一垒的争夺尤为激烈。因此，一垒手的防守任务相对比较繁重。

1. 防守位置与技术

(1) 一垒手的防守位置一般应面向本垒，垒球员在其右前方距离一垒 3 ～ 4 米的位置进行防守，其与左侧边线的距离以不使击球穿过为宜，同时，防守与二垒手形成的空当位置，根据个人条件及场上情况，防守位置也略有不同。

(2) 击球员准备触击球时，一垒手站位应靠前些。

(3) 一垒手移动较快，可离垒略远些，移动较慢则应离垒略近些。

(4) 一垒手在投手将要投球时，应两脚与肩同宽或略宽于肩，屈膝半蹲，脚跟略抬，上体前倾，手臂略紧张，目视来球，做好接球准备。见图 3-5-3。

图 3-5-3

2. 一垒手踏垒接球技术

(1) 当球被击到距离一垒手较远的位置时，一垒手应及时回到一垒，准备接球封杀击跑员。

(2) 右脚踏触垒包前沿，左脚向前跨出一步，屈膝呈前弓步，上体略前倾，手套前伸，对准来球方向，右手贴靠在手套后方，或略离开手套置于左侧，目视来球，尽量两手接球。

(3) 来球方向变化时，前脚也应相应移动，使身体面向来球方向。见图 3-5-4。

3. 防守职责

(1) 一垒手首先要接截击到其防守区域的来球，然后踏垒封杀击跑员。

(2) 其次要接同伴的传球，触杀或封杀击跑员。

(3) 再次要协助二垒手防守二垒。

(4) 最后要做好传球接力，与队友通力协作，做好其他防守。

图 3-5-4

4. 错误纠正

练习时易出现站位离垒过远，与同伴的配合不够默契等问题。因此，应结合自身情况，合理选位，在击球前与二垒手明确分工，各司其职，防守中也可通过喊声提醒同伴，明确职责，形成默契。

5. 伤害预防

快速起动及回垒易造成踝关节和膝关节等处的损伤，因此应充分做好准备活动，在比赛空当可适当运动，保持关节灵活性，避免与跑垒员发生冲撞。

四、二垒手

二垒手（也称 4 号位）处于全队防守的中心位置，主要任务是防守二垒，同时兼顾一垒。如果跑垒员能够进占二垒，则得分的希望大增。

1. 防守位置与技术

(1) 二垒手的防守位置一般应距离二垒垒包侧后方 4 ～ 5 米，但根据个人条件及场上情况，其防守位置也略有不同。

(2) 垒上无人时，应向一垒方向靠拢，协助一垒手防守一垒。

(3) 如一垒有跑垒员，则应略靠近二垒，与游击手共同防守二垒。

(4) 二垒手防守时与一垒手的技术动作基本相同，注意力应高度集中，目视来球，两脚与肩同宽或略宽，上体前倾，屈膝半蹲，脚跟略抬，手臂略紧张，做好接球及随时移动的准备。见图 3-5-5。

图 3-5-5

2. 防守职责

(1) 二垒手首先要接好击到其防守区域的来球，根据场上情况迅速传杀（指通过传球给同伴，同伴采用触杀或封杀方式，使进攻队员出局）击跑员和跑垒员。

(2) 其次要与一垒手配合防守一垒，与游击手配合防守二垒，与接手配合，防止一垒跑垒员偷盗二垒。

(3) 再次要与一垒手或三垒手配合夹杀跑垒员，根据场上情况，及时补位和补垒。

(4) 最后二垒手还要作为外场与内场的中转站，做好传球接力。

(5) 在防守时，二垒手要与同伴密切配合，明确职责和分工，可通过互相提醒，达到协调一致。

3. 错误纠正

练习时易出现漏球或回垒不及时等问题。因此，应结合自身情况及击球员特点，合理选位。

4. 伤害预防

快速起动及回垒易造成踝关节和膝关节等处的损伤，应充分做好准备活动，在比赛空当可适当运动，保持关节灵活性，避免与跑垒员发生冲撞。

五、三垒手

三垒手（也称 5 号位）主要防守三垒，三垒距离本垒最近，往往争夺也最激烈，被称为“热角”。

1. 动作方法

(1) 三垒手的防守位置一般位于三垒侧后方 3 ～ 4 米，距离边线 2 ～ 3 米，以击球不能从其右侧穿过为宜，根据个人条件及场上情况，其防守位置也略有不同。

(2) 二垒有跑垒员时，应更靠近三垒位置。

(3) 击球员要触击球时，应在三垒前，向本垒靠拢。

(4) 三垒手防守时与一垒手的技术动作基本相同，注意力高度集中，目视来球，两脚与肩同宽或略宽，上体前倾，屈膝半蹲，脚跟略抬，手臂略紧张，做好接球及随时移动的准备。见图 3-5-6。

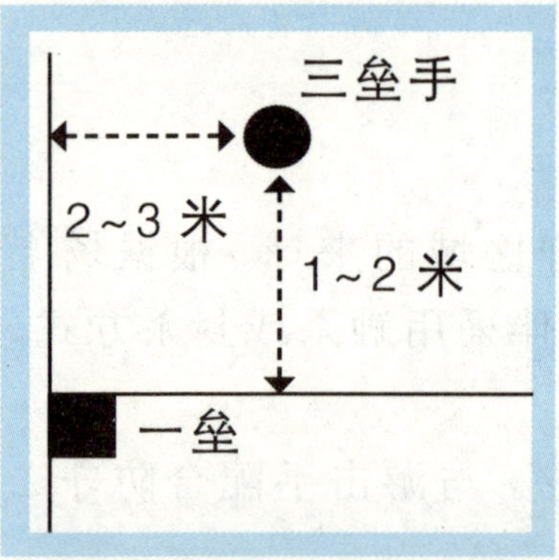

图 3-5-6

2. 防守职责

(1) 三垒手首先要接截住击到其防守区域的来球，根据场上情况迅速传杀、封杀击跑员或跑垒员。

(2) 其次要及时补位和补垒，协助二垒手、投手和接手做好相应垒位的防守。

(3) 最后要作为中转站，做好与外场手的传球接力。

3. 错误纠正

练习时易出现漏球或回垒不及时等问题。因此，应结合自身情况及击球员特点，合理选位。

4. 伤害预防

快速起动及回垒易造成踝关节和膝关节等处的损伤，应充分做好准备活动，在比赛空当可适当运动，保持关节灵活性，避免与跑垒员发生冲撞。

六、游击手

游击手（也称 6 号位）的防守如同其名字一样，善于游击，这是由于其防守范围较大，兼顾较多。游击手防守的位置也是全队防守的中心区域，而且在这一区域的攻守活动比较频繁，这就要求游击手具有全面的防守技术和防守能力。

1. 防守位置与技术

(1) 游击手的防守位置一般位于二、三垒中间位置略靠后，更靠近二垒，当场上情况变化时，游击手的位置也会有所改变。

(2) 如一垒有跑垒员，需协助二垒手防守二垒时，应向二垒靠近些。

(3) 如二垒有跑垒员，需协助三垒手防守三垒，向三垒靠近。

(4) 游击手防守时与一垒手的技术动作基本相同，注意力高度集中，目视来球，两脚与肩同宽或略宽，上体前倾，屈膝半蹲，脚跟略抬，手臂略紧张，做好接球及随时移动的准备。见图3-5-7。

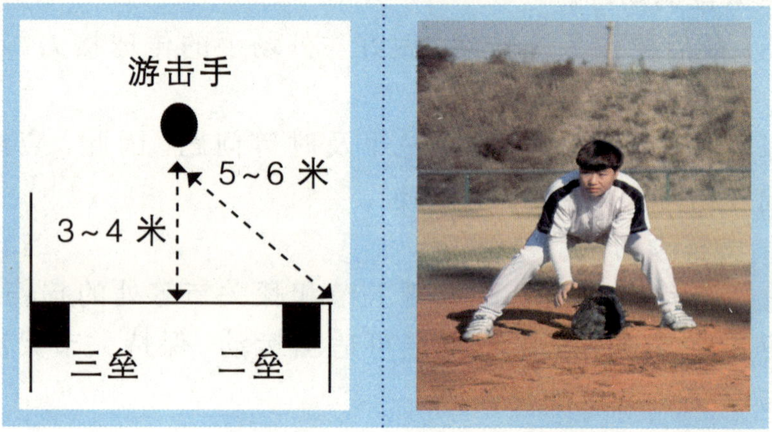

图 3-5-7

2. 防守职责

(1) 游击手除了接截自己防守区域的来球外，主要是协助二垒手和三垒手防守，随时补位和补垒。

(2) 同时，游击手也是左外场、中外场和内场联系的重要中转站。

(3) 游击手可通过其快速灵敏的移动，准确的判断和良好的接截技术，弥补周围的防守漏洞。

3. 错误纠正

练习时易出现漏球或补垒不及时等问题。因此，应结合场上情况和击球员特点，合理选位。

4. 伤害预防

快速起动及回垒易造成踝关节和膝关节等处的损伤，因此应充分做好准备活动，在比赛空当可适当运动，保持关节灵活性，避免与跑垒员发生冲撞。

七、外场手

左外场手（也称 7 号位）、中外场手（也称 8 号位）、右外场手（也称 9 号位）是全队防守的最后一道屏障。三名队员防守整个外场，其区域范围最大，这对外场手的跑动、接球和传球都提出了较高的要求。

1. 防守位置与技术

(1) 外场手的防守位置分别位于外场左侧、中间和右侧，根据击球员情况和垒上情况，其位置可前后移动，但不要和内场手位置相叠。

(2) 站位时应两脚与肩同宽，屈膝略蹲，脚跟略抬，上体前倾，手臂略紧张，目视来球，做好随时起动接球的准备。

(3) 外场手由于防守范围大，距离内场较远，因此，需要有较强的奔跑能力和快速的移动能力，同时还要有良好的接截球技术和长传球的能力。见图 3-5-8。

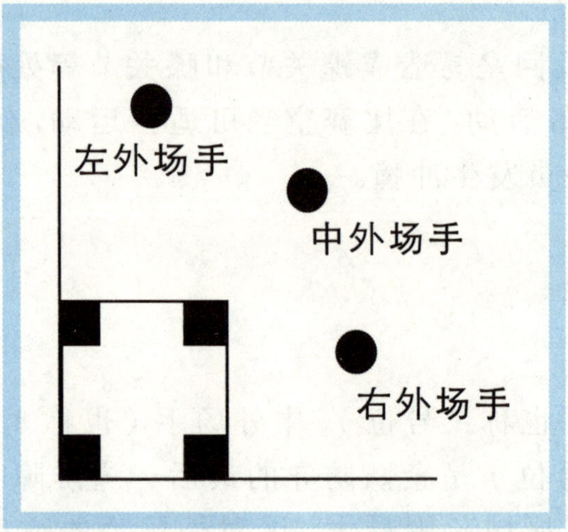

图 3-5-8

2. 防守职责

(1) 每名外场手需要防守击到自己防守区域的来球。

(2) 要与临近的外场手和内场手默契配合，快速传杀跑垒员。

(3) 及时进行补位，甚至是补垒，协助内场做好防守。

3. 错误纠正

练习时易出现接球失误等问题。因此，应注意调整，不要与内场队员位置相叠。

4. 伤害预防

外场手由于跑动范围大、速度快等原因，易造成踝关节和膝关节等处的损伤，因此，应充分做好准备活动，加强身体素质练习。

第六节 击球技术(以右打者为例)

击球是垒球比赛中主要的进攻技术，通过击球，可以使击球员上垒，跑垒员进垒以及得分。有效的击球能够限制对方投手的投球，破坏防守，是取得比赛胜利的关键。击球技术包括握棒方法、站立位置与方法、挥击球技术和触击球技术等。

一、握棒方法

握棒是击球动作的基础，良好地握棒有利于击球员击球，能够提高击球的准确性和对球的控制能力，从而提高进攻的成功率。握棒方法包括正常握法、长握法和短握法等。

(一)正常握法

1. 动作方法

(1) 左手在下，距离球棒末端圆柄5厘米左右，右手紧靠左手在上，两手靠拢，不要留有空隙。

(2) 握棒时，手指根部用力握紧球棒，拇指压在食指的第二关节处。见图3-6-1。

2. 技术要点

手掌不要握棒，掌心略空，虎口不要贴球棒太紧。

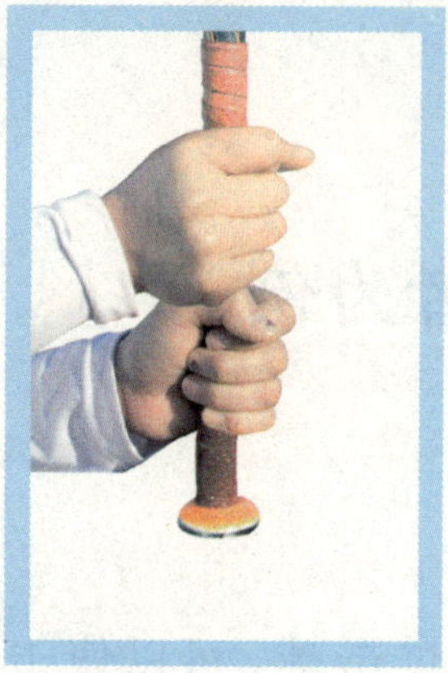

图 3-6-1

3. 错误纠正

练习时易出现两手间有空隙，掌心和虎口处紧贴球棒等问题。因此，两手应靠拢在一起，注意正确握棒。

4. 伤害预防

为避免握棒时手指、手掌与球棒摩擦而造成表皮擦伤，应注意适当放松，同时适时更换球棒手柄皮。

(二) 长握法

1. 动作方法

(1) 左手在下，握住靠近球棒末端的圆柄处，右手紧靠左手在上。

(2) 握棒时，手指根部用力握紧球棒，拇指压在食指的第二关节处。见图3-6-2。

2. 技术要点

(1) 长握法握棒挥动的力矩要长，摆动幅度要大，击球有力。

(2) 长握法比较适合力量大，挥棒速度快的击球员。

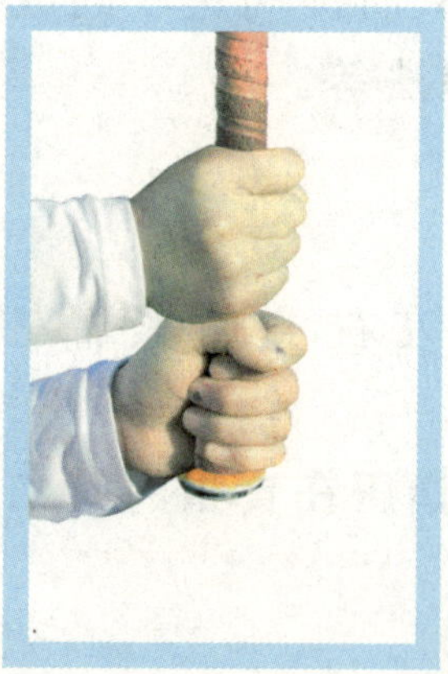

图 3-6-2

3. 错误纠正

练习时易出现两手间有空隙，掌心和虎口处紧贴球棒等问题。因此，两手应靠拢在一起，注意正确握棒。

4. 伤害预防

为避免握棒时手指、手掌与球棒摩擦而造成表皮擦伤，应注意适当放松，同时适时更换球棒手柄皮。

(三)短握法

1. 动作方法

(1) 左手在下，距离球棒末端圆柄10厘米左右，右手紧靠左手在上。

(2) 握棒时，手指根部用力握紧球棒，拇指压在食指的第二关节处。见图3-6-3。

图 3-6-3

2. 技术要点

(1) 短握法握棒相对挥动的力矩短，摆动幅度也小，击球力量略差，但准确性较好。

(2) 短握法比较适合挥棒速度慢的击球员，也是应对投手投球速度较快的一种握棒方式。

3. 错误纠正

练习时易出现两手间有空隙，掌心和虎口处紧贴球棒等问题。因此，两手应靠拢在一起，注意正确握棒。

4. 伤害预防

为避免握棒时手指、手掌与球棒摩擦而造成表皮擦伤，应注意适当放松，同时适时更换球棒手柄皮。

二、站立位置与方法

击球时的站立位置就是击球员在击球区站立时所处的位置，根据个人特点和击球时的要求，可适当调整。站立方法主要指两脚的相对位置，每名击球员应根据个人的具体情况和比赛状况，选择适宜的站立方法。

(一)站立位置

(1) 击球员在击球区准备击球时，其位置可前后左右适当调整，靠近本垒板站立时称近位，离本垒板略远站立时称远位。

(2) 在击球区内靠近接手站立称后位，远离接手站立称前位，居于二者之间称中位。

(3) 站立位置通常根据投球的路线以及击球员的个人能力、身体条件等因素来确定。

(二)站立方法

★平行式

1. 动作方法

两脚距离约与肩同宽，两脚与本垒板平行。见图3-6-4。

图3-6-4

2. 技术要点

(1) 脚下要牢，重心要稳。

(2) 相比较其他站立方法，这种站法相对均衡，没有明显的漏洞。

3. 错误纠正

练习时易站成开立式或封闭式站法。因此，应在击球时先低头看脚下，调整站位方法，然后再准备击球，在稳定支撑身体重心的同时，充分发挥身体的协调能力。

4. 伤害预防

为避免因屈膝、降低重心而造成腿部疲劳，以及因蹬转而造成腿部拉伤，应注意做好准备活动。

★开立式

1. 动作方法

两脚距离约与肩同宽，左脚略后撤，身体半转向投手，重心在右腿。见图3-6-5。

图 3-6-5

2. 技术要点

(1) 脚下要牢，保持身体平衡。

(2) 这种站法适合击打内角球及速度较快的投球，但同时由于身体半转，腰部的转动力量减少，因此，击球的力量受到影响，不利于打远球。

3. 错误纠正

练习时易出现两脚之间宽度不适，左脚后撤幅度大小不当，重心难以控制，导致晃动或不稳等问题。因此，应在击球时先低头看脚下，调整站位方法，然后再准备击球，另外，还要调整好身体重心，充分发挥身体的协调能力。

4. 伤害预防

为避免因屈膝、降低重心而造成腿部疲劳，以及因蹬转而造成腿部拉伤，应注意做好准备活动。

★封闭式

1. 动作方法

两脚距离约与肩同宽，右脚略后撤，身体半转向接手，重心在左腿。见图3-6-6。

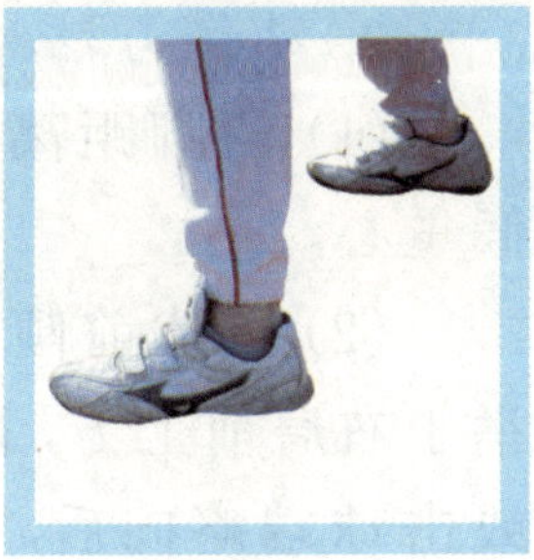

图 3-6-6

2. 技术要点

(1) 脚下要站牢，保持身体平衡。

(2) 这种站法由于增加了腰部的转

动，因此，击球的力量加大，更易于击打出快速球和远球。

(3) 由于增加了挥棒距离，因此，对挥棒速度提出了更高的要求，但同时对内角球的击打受到了限制。

3. 错误纠正

练习时易出现两脚之间宽度不适，右脚后撤幅度大小不当，重心难以控制，导致晃动或不稳等问题。因此，应在击球时先低头看脚下，调整站位方法，然后再准备击球，另外，还要调整好身体重心，充分发挥身体的协调能力。

4. 伤害预防

为避免因屈膝、降低重心而造成腿部疲劳，以及因蹬转而造成腿部拉伤，应注意做好准备活动。

三、挥击球技术

挥击球技术是垒球运动的主要进攻手段之一，也是垒球中较难的一项技术。垒球比赛中，击球和投球是场上的一对矛盾体，随着投球技术的不断发展，投球的速度也在不断提高，变化也越来越多，这对击球技术提出了更高的要求。

（一）准备姿势

1. 动作方法

(1) 两脚距离与肩同宽或略宽于肩，两脚略内扣，屈膝，降低重心。

(2) 上体前倾，收腹含胸，左肩外侧对向投手，两手握棒上举于右肩前上方，两臂上抬离开身体，左臂向右拉伸，球棒直立或击球端略向后，扛于右肩前上方，头略前伸，面部转向投手方向，目视投手投球。见图 3-6-7。

图 3-6-7

2. 技术要点

重心在两脚之间，站立要稳，身体放松，不要过于紧张。

3. 错误纠正

练习时身体易过于紧张，导致动作僵硬，从而使击球准确性下降。因此，应根据投手的投球特点和场上形势，选择好握棒方法和站立方法，保持身体适度放松，同时注意力要集中，专心注视投球。

4. 伤害预防

由于过于紧张易导致身体疲劳或僵硬，为击球时留下伤害隐患，因此，在准备击球时，身体应放松，全神贯注注视投球。

(二)引棒

1. 动作方法

投手摆臂投球时，击球员身体重心右移，右脚支撑地面，左脚脚尖点地或略离地，可略向右移，同时球棒随着转腰、转肩向右侧伸引，目视投球，保持重心平稳。见图 3-6-8。

图 3-6-8

2. 技术要点

充分发挥身体的力量，增加挥棒距离，为更加有力地挥棒、击球做好准备。

3. 错误纠正

练习时易出现重心晃动或上下起伏等问题。因此，应在保持重心的前提下，适度引棒，同时右腿要全力支撑，避免重心不稳。

4. 伤害预防

为避免因引棒时重心主要放在右腿造成踝关节和膝关节损伤，在做好准备活动的同时，动作应适度，注意节奏。

(三) 挥棒

1. 动作方法

(1) 投手投球出手后，击球员要判断好来球，根据来球的方向，左脚向左伸踏。

(2) 如来球为内角球，则左脚应略向后，如来球为外角球，则左脚应略向前，伸踏同时，右脚用力蹬地，转髋，转腰，转肩，挥臂，依次由下向上用力。

(3) 球棒从右上方向左下方挥摆，与腰齐平时，以腰为轴加速平挥。

(4) 此时，两脚用力抓地，保持身体稳定，身体重心逐渐向左脚平移，目视来球。见图 3-6-9。

图 3-6-9

2. 技术要点

尽量保持重心不要上下起伏。

3. 错误纠正

挥棒时易出现倒棒或下砍等错误动作。因此，应明确挥棒的路线，注意用力的顺序，在练习时可让同伴扶住球棒击球端，做模仿练习，体会动作要领。

4. 伤害预防

为避免挥棒时因手腕的翻转而造成腕关节扭伤，以及因球棒握柄端摩擦手掌而造成擦伤，练习时应佩戴击球手套，同时，注意适当放松。

(四)击球

1. 动作方法

(1)投手的投球接近本垒板时，球棒应加速挥摆，两手握紧球棒，用力前“顶”，在左膝侧前方用球棒的击球位置对准来球，加速挥棒，用力击球。

(2)右脚用力蹬地后，前脚掌着地，重心向左脚移动，身体向来球方向转动。见图 3-6-10。

图 3-6-10

2. 技术要点

挥棒击球时，应以腰部为轴加速平挥，重心平移，不要上下起伏。

3. 错误纠正

练习时易出现手腕晃动及重心起伏，导致击球不准等问题。因此，应在击球瞬间保持手腕紧张，用力前顶，同时重心平移，目视来球，判断好球的飞行轨迹，使球棒对准来球。

4. 伤害预防

为避免击球时来球与球棒撞击,产生震动,造成手臂震伤,应用手指根部握棒,避免掌心与球棒接触,同时可佩戴击球手套,减少震动伤害和球棒对手掌的擦伤。

(五)随挥

1. 动作方法

(1) 球被击出后,挥棒动作不能停止,球棒、两臂应随击球动作继续推送,翻腕,棒头摆至左肩后上方。

(2) 松开两手,丢棒于身体的左侧后方,不要甩棒,保持身体平衡,准备跑垒。见图 3-6-11。

图 3-6-11

2. 技术要点

击球后手臂继续推送球棒,然后逐渐控制其惯性,同时注意保持身体平衡。

3. 错误纠正

练习时易出现制动过快,从而影响击球等问题。因此,应在击球后继续推送,维持球棒的惯性。

4. 伤害预防

为避免因过度挥棒而造成击中身体等损伤,应控制好球棒。此外,挥棒时,要保持腕部适度紧张,避免造成腕关节和手臂扭伤。

四、触击球技术

触击球技术是垒球运动的一种进攻手段,在比赛中与挥击球技术结合使用,往往会起到较好的效果。

(一)公开触击

1. 动作方法

(1) 一只手握于棒柄附近,另一只手向击球端前移,公开自己打触击球的目的和击球方式。

(2) 触击时两脚分开,约与肩同宽,面向投手,屈膝,身体前倾,重心降低。

(3) 左手正常握棒,右手前移至球棒中段略靠前,拇指在上,食指和中指屈指在下,握住球棒。

(4) 根据来球的方向,两手调控好球棒的位置,对准来球,向前下方推棒,击球的后中上部。

(5) 击球后两手撒棒,起步跑垒。见图 3-6-12。

2. 技术要点

(1) 目视来球,用球棒的击球位置击球的后中上部,向下按压,注意缓冲球速,将球控制在空当位置。

(2) 球不要击得过远,避免触击成高球,将球控制在合适的位置。

图 3-6-12

3. 错误纠正

练习时易出现对球的控制不到位，触击动作与跑垒衔接不当等问题。因此，应通过触击抛球等方式进行多球练习，以增加击球感，另外，还要进行击球到指定区域的练习，加强控制能力。

4. 伤害预防

为减少球与球棒接触时产生的震动对手部、腕部以及前臂造成损伤，应注意球棒对球的缓冲，做到以柔克刚，同时，要集中注意力，避免被球打中身体。

(二) 隐蔽触击

1. 动作方法

(1) 当投手投球出手后，击球员突然转动身体，两脚向左侧转动，屈膝，上体前倾，重心降低。

(2) 左手迅速向左下方拉棒，右手沿球棒向上滑动至中段略靠上位置，拇指在上，食指和中指屈指在下，握住球棒。

(3) 触击时两脚分开，约与肩同宽，面向投手，屈膝，身体前倾，重心降低。

(4) 根据来球的方向，两手调控好球棒的位置，对准来球，向前下方推棒，击球的后中上部。

(5) 击球后两手撤棒，起步跑垒。见图 3-6-13。

图 3-6-13

2. 技术要点

要做好由挥击准备动作向触击动作的转换，右手迅速滑至球棒中段，持棒于胸前，做好触击球准备。

3. 错误纠正

练习时易出现由挥击准备向触击动作的转换错误，右手持棒不到位，触击准备不充分，从而影响击球等问题。因此，应加强练习，做到熟练掌握转换动作。

4. 伤害预防

为减少隐蔽触击造成的右手擦伤，在右手向球棒击球端滑行的过程中，应注意握棒的松紧程度，握棒不要过紧。

第七节 跑垒技术

跑垒是进攻技术的主要组成部分，也是击球后进攻的下一个步骤，其目的是通过不断进垒，取得最终得分。同时，跑垒也可以牵制甚至破坏对方的防守，掩护击球员及其他跑垒员上垒和进垒。跑垒技术包括击球后跑一垒、跑一个垒、连续跑垒和扑滑垒等。

一、击球后跑一垒

击球后跑一垒是击球员击球后，全力抢占一垒的技术方法。安全到达一垒，可以为继续进垒和回到本垒得分奠定基础，同时能够对对方的防守起到有效的牵制作用。

1. 动作方法

(1) 击球后，应顺势起步跑向一垒，起步时加速前后摆臂，上体前倾，重心降低，在跑垒员限制线内加速跑动，跑出约五六步后，上体逐渐抬起，全力跑向一垒，不要看球，态度坚决。

(2) 接近一垒时，身体略向右倾，左脚踏触两垒包的右侧，踏垒后可向右侧界线外冲出几步，然后减速，回到一垒。

(3) 回垒后，一只脚踏触垒包接近二垒方向的边沿，另一只脚向二垒方向跨出一步，做好跑向二垒的准备。见图 3-7-1。

图 3-7-1

2. 技术要点

只有击跑员上一垒或跑垒员回本垒时，才可以在踏垒后向前冲出，跑向二垒或三垒时，冲过垒包就有被触杀的危险。

3. 错误纠正

练习时易出现顺势甩棒，漏踏垒位等问题。因此，应养成良好的丢棒习惯。

4. 伤害预防

为减少对踝关节的伤害，应做好充分的准备活动。

二、跑一个垒

跑一个垒是跑垒员根据场上形势，进占下一个垒位的跑垒方式。一般为一垒跑垒员进占二垒，二垒跑垒员进占三垒，三垒跑垒员跑回本垒。

1. 动作方法

(1) 一只脚踏触所占垒包，接近下一个垒位的边沿上，另一只脚向下一个垒位方向跨出一步，两臂抬起，上体前倾，以站立式姿势准备跑向下一个垒位，同时目视投手投球。

(2) 投手投球出手后，跑垒员后脚用力蹬地，两臂加速摆动，离垒，跑向下一个垒位，此时要目视球。

(3) 出现进垒机会时，应继续加速向前跑动，上体抬起，全力冲刺。

(4) 接近垒位时，降低重心，减小步幅，控制身体平衡，踏垒脚内扣，屈膝制动，或者一只脚踏垒，另一只脚迈过垒包，向着跑动方向前跨一大步，跨出脚内扣，全脚掌着地，屈膝缓冲。见图 3-7-2。

2. 技术要点

跑垒员要根据场上形势决定进垒还是留在原垒位上，决定进占下一个垒位时，要全速冲刺，接近垒位时要适当减速，迅速制动，保持一只脚踏触在垒位上，避免因惯性离垒而被杀出局。

图 3-7-2

3. 错误纠正

练习时易出现重心过高，制动方法不当等问题。因此，应在训练中加强急停练习，注意制动脚内扣。

4. 伤害预防

为避免因急停制动对踝关节和膝关节造成伤害，应加强腿部力量练习，特别是关节部位的练习，以增强保护能力。

三、连续跑垒

当击球员击出高远的空当球，或防守队员出现失误使球滚落较远时，击跑员或垒上的跑垒员可连续跑垒。连续进垒时要绕弧线跑动，听从跑垒指导员的指挥，尽量多进垒或得分。

1. 动作方法

(1) 当出现连续进垒的局面时，击跑员或跑垒员要全力跑向下一个垒位，听从场上跑垒指导员的手势指挥，不要注视球。

(2) 接近垒位时，逐渐向外侧绕弧线跑动，此时上体向内倾斜，左脚外侧着地，右脚内侧着地，右臂摆动较大，左臂摆动略小，靠近垒位后用左脚或右脚踏触垒位的内角。

(3) 继续加速跑向下一个垒位，跑向本垒时，踏触三垒后全力直线前冲。见图 3-7-3。

2. 技术要点

连续跑垒时要绕弧线跑动，如同田径比赛的弯道跑，听从跑垒指导员指挥，避免漏踏垒。

图 3-7-3

3. 错误纠正

练习时易出现连续进垒弧线跑动时身体控制不当等问题。因此，跑垒员应增强克服离心力的能力。

4. 伤害预防

为避免因弧线跑动、急停制动等动作对踝关节和膝关节造成伤害，应加强腿部力量练习，以增强保护能力。

四、扑滑垒

扑垒和滑垒是为了争取时间，减小触杀面积，避免被杀出局而采取的技术。良好的扑垒和滑垒技术往往会在激烈的争夺中起到安全进垒和得分的作用。

(一)扑垒

1. 动作方法

(1) 当跑垒员快速跑动，距离目标垒位还有 2 ～ 3 米时，两手前举，上体前倾，重心下降。

(2) 两脚同时用力蹬地，身体向前扑出，两臂尽量前伸，手掌、手臂、胸部、腹部、大腿依次着地，向前滑行，以手触摸垒位。见图 3-7-4。

图 3-7-4

2. 技术要点

扑垒是为了争取时间防止被杀，因此，须勇敢果断，腿部蹬地有力。

3. 错误纠正

练习时易出现身体前跳或蹬地不充分等问题。因此，应降低重心，身体前扑，同时加强蹬地前扑练习，体会动作要领。

4. 伤害预防

为避免扑垒时身体着地部位造成擦伤或扭伤，应加强对相关关节的保护，除了做好充分的准备活动外，在跑动中或滑行中，应尽量保持关节及整个身体紧张。

（二）滑垒

1. 动作方法

（1）当跑垒员快速跑动，距离目标垒位 3～4 米时，一条腿弯曲在下，另一条腿前伸在上，弯曲腿小腿外侧、脚外侧以及臀部着地，呈坐式向前滑行。

（2）上臂上举控制好身体，前伸腿膝部略屈，脚后跟贴地，向前触碰垒位，利用滑行的惯性迅速站起。见图 3-7-5。

图 3-7-5

2. 技术要点

身体后仰，要贴地滑行，手臂上举，控制好身体平衡。

3. 错误纠正

练习时易出现蹬地不充分，造成坐在地上，仅用脚去够触垒位而身体没有向前滑行等问题。因此，应加强蹬地滑行练习，同时充分利用跑动的速度向前滑行。

4. 伤害预防

为避免滑垒时身体着地部位造成擦伤或扭伤，应加强对相关关节的保护，除了做好充分的准备活动外，在跑动或滑行中，应尽量保持关节及整个身体紧张。

4 第四章 基础战术

垒球运动的基础战术是指在比赛中为战胜对手或为表现出期望的比赛结果，在规则允许的范围内，而采取的计谋和行动。由于垒球比赛防守和进攻是截然不同的，因此，可将基础战术分为防守战术和进攻战术两大类。

第一节 防守战术

防守战术是为阻止对手进攻所采取的计谋和行动，包括破坏对方击球、上垒、进垒以及得分等。它需要场上 9 名队员通力合作，密切配合。

一、防守站位的基本原则及面临的防守局面

防守站位的基本原则是防守时每名队员根据自己在场上的位置，应遵循的站位准则；而面临的防守局面，则是防守队员采取防守策略的依据和出发点。

(一)防守站位的基本原则

1. 防守站位时，相邻两名防守队员应保持适当的距离，以击球不能从中间区域穿过为宜，同时要避免平行站位，要一前一后，便于接球与保护。

2. 防守站位时，后面的防守队员不要站在其前面队员与本垒连线的延长线上，即前后位置不要重叠，应站在前面两名防守队员中间的位置，并与之前后保持合适的距离，避免出现抢

球或让球现象。

3. 在同伴去接击出的球时，其他防守队员要积极行动起来，根据场上的情况进行保护、补垒、接应。

(二)面临的防守局面

垒球比赛局面复杂，变化情况较多，但从防守的角度出发，根据垒上跑垒员占垒情况，可分为以下 8 种局面：

1. 垒上无跑垒员。
2. 一垒有跑垒员。
3. 二垒有跑垒员。
4. 三垒有跑垒员。
5. 一、二垒有跑垒员。
6. 一、三垒有跑垒员。
7. 二、三垒有跑垒员。
8. 一、二、三垒有跑垒员（满垒）。

二、接球基本原则

当击球员将球击到防守队员之间的位置时，这就涉及由谁来接球的问题。防守中的接球要遵循有利的原则，即谁接球对防守最有利就由谁来接。接球时要相互提醒，明确职责，由谁来接球就及时提醒同伴，避免抢球或让球现象的发生。接球的基本原则是：

1. 离球最近者接球。
2. 球落在前后两名防守队员中间时，由后面队员接球。
3. 接球后传球最顺畅的防守队员接球。

三、保护、补垒、接应

保护、补垒、接应是垒球比赛中局部防守配合的三种最基本、最重要的战术，也是防止进攻队员乘虚而入的有效防守方法。

(一) 保护

保护也称为“补漏”，即在同伴接球时，在其身后适当位置进行保护，在出现漏接时及时补接。在防守时场上队员一定要有保护意识，不管同伴是接击球还是接传球，都要到其身后进行保护，避免防守失误继续扩大。保护时，要根据球飞行的情况，选择合适位置。如对方击出高飞球时，保护队员要离接球队员近些，防止其漏接后球落地；如对方击出地滚球或接传球时则应略远些，避免连续漏球的出现。见图 4-1-1。

图 4-1-1

(二)补垒

进垒即当垒上无人防守时，邻近的防守队员及时上垒进行补防，避免对方跑垒员乘虚而入。进垒要遵循邻近的原则，根据场上情况的变化及时补防，防止对方进垒。如一垒手去接球时，二垒手要及时跟进，补防一垒；同样，二垒手去接球时，游击手要及时补防二垒。见图 4-1-2。

图 4-1-2

(三)接应

接应也称接力，指传球距离较远，或需要改变传球方向时，中间需要中转传球。接力传球在击出外场远距离球时应用较多。外场手接截来球后，其他队员迅速跑上接应，以最快的速度将球传回内场，阻止跑垒员进垒。见图 4-1-3。

图 4-1-3

四、投手和接手战术

投手和接手战术主要是通过投接球的配合，来阻止击球员击球，使其击球不中或击球效果较差，从而限制其上垒。另外，投手和接手的战术配合，也能有效防止对方垒上跑垒员盗垒，甚至将其传杀出局。投接手的战术配合，一方面可以向对方击球员发起主动进攻，另一方面可以有效破坏对方的进攻战术。

（一）投变化球战术

投手和接手默契配合，主要通过投球的变化来实现。投手通过球的快慢、好坏、直线曲线、内角外角、高低等的变化来有效控制对方击球员击球，破坏击球的节奏和准确性，使其三击不中被投杀，或击球效果较差被接杀或传杀。

投变化球时，首先要观察击球员的身体基本条件以及站位、握棒等准备姿势，结合击球棒次判断其击球特点。接手通过手势暗号，指挥投手投出各种性能的球，从而控制击球员击球。投球要根据击球员的情况随时变化，如击球员采用封闭式站法，投手要尽量多投近身内角球，如采用开立式站立，应尽量多投远离身体的外角球。

(二) 投坏球战术

投手除了投接近好球的坏球来欺骗对方击球员击球外，有时还故意投明显的坏球，其目的主要有以下两点。

(1) 保送强棒上垒，避免失分或失分较多，主要是在对方垒上有跑垒员，尤其是三垒有人，甚至垒上有一人以上，击球员为击球能力很强的选手时，可采用投“四坏球”（指用故意投四个坏球的方法送其上垒，然后争取在下一个击球员击球时杀掉对方）。

(2) 当对方垒上队员有盗垒意图时，故意投坏球破坏击球员打掩护球的意图，并诱骗跑垒员盗垒，然后传杀对方。如对方一垒跑垒员要盗二垒时，故意投高球，击球员无法击球，接手接球后迅速传向二垒，触杀跑垒员。

五、触杀、夹杀和双杀战术

触杀、夹杀和双杀是使进攻队员出局的有效、常用战术，也是比赛中常见的战术配合。

(一) 触杀

触杀是防守队员牢固握球，用握球手或手套触及离垒的跑垒员身体任何部位，使其出局的防守方式。触杀方式多在跑垒员离垒后处于两垒之间时使用，要求防守队员进行触杀时一定要牢固握球，多以手指握球置于手套中，以手套触杀为主。这样可以防止与跑垒员碰触时球被撞掉，从而被判触杀无效。手套一接触跑垒员就立刻拿开，避免激烈的碰撞使球脱落。见图4-1-4。

图 4-1-4

（二）夹杀

夹杀是触杀的一种形式，即自由进垒的跑垒员处于两垒之间时，防守队员以夹击的方式传球触杀跑垒员。夹杀时，防守队员首先要追逼跑垒员，尽量向其原来垒位追逼，即使触杀不成也迫使其回到原垒位，追逼使跑垒员跑动起来，在其接近垒位前，迅速从跑垒员的侧面传球给垒上接应的同伴，使其触杀跑垒员。

夹杀往往会追逼几次，因此在实施这一战术的过程中，要求相邻的防守队员积极接应和协助。如一、二垒之间的夹杀，要求游击手协助二垒手补防二垒，投手协助一垒手补防一垒。夹杀的配合尽量减少往复，传球的次数越少越好，避免出现失误，造成防守失败。见图 4-1-5。

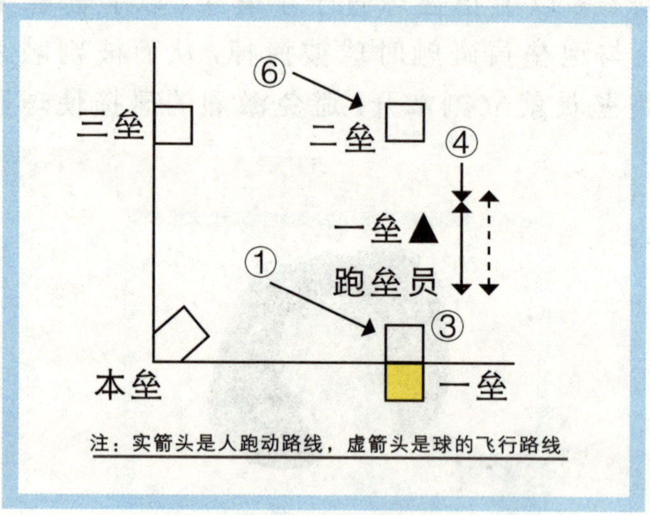

图 4-1-5

(三)双杀

双杀是在一次防守中，通过连续传球，使对方两名队员出局的战术配合，如使对方三名队员出局，则称为“三杀”。

如一垒有跑垒员，击球员将球击到投手位置，投手接地滚球后传球给二垒手，二垒手踏垒封杀掉一垒跑垒员后传球到一垒，一垒手踏垒封杀掉击球员，就完成了一个双杀配合。不管是双杀还是三杀，都要求防守队员要有清醒的头脑和良好的传接球能力，略有怠慢就可能错失良机。见图 4-1-6。

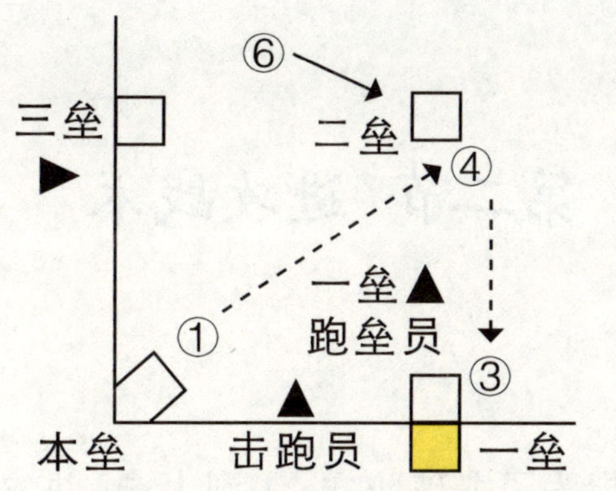

注：实箭头是人跑动路线，虚箭头是球的飞行路线。

图 4-1-6

六、防一、三垒两偷垒战术

一、三垒两偷垒战术是一垒跑垒员和三垒跑垒员利用其对防守的牵制进行偷垒，以达到得分或进垒目的的战术配合。防止进攻方的一、三垒两偷垒战术有多种，下面介绍常用的一种战术配合。

进攻方一、三垒有跑垒员时，防守队员要高度警惕。一般一、二垒偷垒战术是一垒跑垒员先跑，三垒跑垒员后跑。此时，游击手和二垒手要协商好谁上垒，谁保护。如果游击手保护，二垒手上垒，当接手接住投球后，看到一垒跑垒员跑向二垒，应迅速向二垒传球，这时游击手要观察场上局势，随时提醒二垒手；如看到三垒跑垒员向本垒跑时，应提醒二垒手传球到本垒，否则，二垒手应立即持球触杀一垒跑垒员，触杀后迅速转身注意三垒跑垒员的动向，如其跑向本垒，则立即向本垒方向传球。

第二节 进攻战术

进攻战术是指为了突破防守，达到上垒、进垒、得分的目的，并最终战胜对手而采取的计谋和行动。进攻战术不仅需要单兵作战，也需要进攻队员的配合。

一、排棒战术

排棒即安排击球次序，这是根据比赛双方的特点，合理安排击球次序的策略。目的是以本队实际情况为基础，通过合理巧妙的安排，发挥最大的进攻威力。排棒方法包括集中排棒法、分散排棒法和分段排棒法等。

(一)集中排棒法

将进攻能力强的击球员排在一起，从而集中优势兵力，争取突破。一般会将强棒选手排得略靠前些，以便增加进攻机会。

(二)分散排棒法

将进攻能力强的击球员分散开来，注重前后搭配和呼应，如擅长长打和擅长短击的搭配，以及第九棒与第一棒的呼应等。

(三)分段排棒法

将排棒次序分成相同的两段，即一至四棒一段，五至九棒一段。

二、击球战术

击球战术是为了掩护自己上垒或队友进垒，而采取的进攻策略和方式。它是进攻战术实施的第一步，也是进攻行动最主要的方式。

(一) 击球战术原则和击球方法选择

1. 击球战术原则

(1) 击球员要善于观察投手的投球，从中找出击球的规律。

(2) 击球员要坚决执行战术意图和战术安排，看懂暗号后，按照部署进行。

(3) 击球员要有耐心等球，尽量选择自己击球点的球进行击打。

(4) 积极主动地击球，给投手以威慑力。

(5) 根据场上情况，选择合适的击球方法和击球区域。

(6) 两击后要有耐心，但同时要积极改变击球方式和策略，避免被投杀。

2. 击球方法选择

击球方法有挥击和触击两种，在比赛中要根据场上情况和战术需要合理选择，既不要一味地挥击，也不要一味地触击，应将两者结合使用。如看到场上的防守内外场之间空当较大时，可选择挥击方法将球击到此区域；如看到内场防守靠后时，可选择触击方法将球触到内场，使自己上垒，并掩护同伴进垒。

(二) 触击球战术

1. 上垒触击

上垒触击是乘防守不备，突然采用触击方法，掩护自己上垒的战术。在比赛中，击球员要善于观察内场防守队员的站位，同时隐蔽自己的击球意图，避免被对方看出，乘其不备，将球触到一垒或三垒的方向，使球尽量处于几名防守队员之间的位置，然后迅速上垒。

2. 牺牲触击

牺牲触击是击球员运用触击球方法，牺牲自己，掩护同伴进垒的战术。牺牲触击战术一般在投手较强，击球员击球能力较弱时使用。触击时，击球员应尽量将球触击成内场空当位置的地滚球，避免高飞球的出现。

3. 抢分触击

抢分触击是击球员运用触击方法，掩护三垒跑垒员抢回本垒得分的战术。抢分触击战术一般在比赛难分胜负时使用。这一战术要求击球员一定要坚决执行教练的战术意图，不管投球好坏与否，坚决进行触击，同时三垒跑垒员要不顾一切地冲回本垒。触击时，切忌将球触击成高飞球，否则可能被双杀。

（三）假触真打战术

假触真打战术是击球员在投手投球前，摆出触击球的姿势，引诱对方防守队员靠前，在投手投球出手后，突然收棒变成挥击姿势挥棒击球。这种战术往往会出其不意，使对方防守队员猝不及防，从而取得意想不到的效果。

三、跑垒战术

跑垒战术是进攻得分的关键一环，球员应根据场上局面和形势，合理选择跑垒时机和进垒方式。

（一）偷垒战术（也称盗垒）

1. 单偷垒战术

单偷垒战术是一名跑垒员在投手投球出手后，乘防守不备，成功进占下一个垒位的跑垒战术。单偷垒战术一般用在一垒偷二垒和二垒偷三垒时,而三垒偷回本垒时则应用较少。在偷垒前,跑垒员要做好充分准备,看清对方的防守情况,当出现机会时,毫不犹豫地抢占下一个垒位。跑垒时要注视球,同时避免离垒过早,必要时采用滑垒或扑垒。

2. 两偷垒战术

两偷垒战术是两名跑垒员通过配合,牵制对方的防守,达到进垒或得分目的的战术配合。两偷垒战术一般在一、三垒有跑垒员时应用较多,成功率也较高。当一、三垒有跑垒员时,投手投球出手后,一垒跑垒员跑向二垒,三垒跑垒员离垒几步进行牵制,看对方是否将球传向二垒,如接手接球后传向二垒,则三垒跑垒员迅速跑向本垒;如接手没有传球,则成功掩护一垒跑垒员进占二垒。两偷垒战术一定要配合,协调一致,互相掩护,避免一方行动,另一方不动情况的发生。

(二)腾空球跑垒战术

在比赛中,会出现击球员击出界内球或界外球(擦棒球除外),在球未落地前被对方防守队员合法接住的局面,此时,跑垒员如果在对方防守队员合法接击出的界内或界外腾空球之前,已经离垒,则必须返回原来的垒位。如果跑垒员在未返回原垒前,被对方防守队员持球触及身体或该跑垒员原占之垒包时,判该跑垒员出局。

两人出局前,即在一局比赛中进攻方没有人出局或有一个人出局的情况下,在击球员击出腾空球时,跑垒员应在原垒位或略离垒几步观察球的飞行情况,再决定是否进垒。两人出局后,即在一局比赛中进攻方已经有两个人出局的情况下,按照规则,进攻方如有三个人出局则交换攻守,因此,这时不管什么情况,跑垒员都要向下一个垒位快速跑进。

5 第五章

比赛规则

制定各项运动的比赛规则，有助于全民健身运动的深入开展。比赛参与者应该了解运动规则的基本知识，以使自己在比赛过程中游刃有余地发挥技术水平。比赛观赏者也只有在了解基本规则的前提下，才能够充分体验到观赏比赛的乐趣。

第一节 比赛方法

参赛选手要按照一定的方法进行比赛，并须遵循一定的规则，以使比赛有序进行。

一、比赛形式

垒球比赛两队各上场 9 人，一场比赛分为 7 局，以最后的得分判定胜负。

（一）一局比赛

作为防守的一方，场上不同位置的队员都有各自特定的号码。内场防守队员包括 1 号投手、2 号接手、3 号一垒手、4 号二垒手、5 号三垒手、6 号游击手。外场防守队员包括 7 号左外场手、8 号中外场手、9 号右外场手。

作为进攻的一方，进攻队员在场外本队一侧的队员席，按照排定的击球次序，从第 1 棒击球员开始，依次轮流进入击球区击球。如果进攻方有 3 名队员被淘汰出局，则该队的进攻即宣告结束，两方交换攻守。两方各攻守 1 次为 1 局。

（二）得分

1局比赛中，当跑垒员在3人出局前，依次合法地触踏一垒、二垒、三垒和本垒，即得1分。有几名跑垒员完成这个过程，即得几分。

二、投球

（一）合法投球

合法投球须满足以下条件：

1. 投手投球时，手和手腕必须同时前送，待通过体侧时方可使球离手。

2. 手必须低于臂部，手腕和体侧的距离不得大于肘部和体侧的距离。

3. 投球动作要在向击球员跨步的同时完成。

4. 投球离手前，接手必须在接手区内。

（二）投球无效

下列情况为投球无效：

1. 投手在暂停时投球。

2. 击球员由于前次击球后身体尚未恢复平衡，而投手即迅速投球。

3. 投手投球出手前，跑垒员离垒过早被判出局。

4. 在裁判宣布界外球成死球局面后，投手在跑垒员还未返回原来的垒位前投球。

（三）好球与坏球

投手合法投出的球，在落地前进入好球区的任何部分都判为好球，否则为坏球。好球区为本垒板上方的立体空间，宽度以本垒板的宽度为准，高度为击球员击球时腋部以下，膝盖以上。

三、击球

(一) 击球顺序

1. 进攻方队员须按照上场阵容名单上的次序击球。

2. 每局的第一击球员应为上一局最后完成击球任务的次一队员。

3. 击球员没有完成击球任务而已有 3 人出局时，则该队员在下一局应为第一击球员。

(二) 界内球

合法击出的球遇到下列情况时，为界内球：

1. 停止在本垒和一垒间或本垒和三垒间的界内地区。

2. 在界内地区反弹通过一垒、三垒垒包时。

3. 触及一垒、二垒或三垒垒包时。

4. 在界内地区或其上空触及裁判、队员的身体或服装时。

5. 腾空球先落在一垒、三垒垒包后外场界内地区时。

6. 腾空球从界内地区上空直接越过外场本垒打围网时。

7. 腾空球击中本垒打标杆时（击中围网以上的标杆为本垒打）。

(三) 界外球

合法击出的球遇到下列情况时，为界外球：

1. 停止在本垒和一垒间或本垒和三垒间的界外地区时。

2. 在界外地区反弹通过一垒、三垒垒包时。

3. 先触及一垒或三垒后的界外地区时。

4. 在界外地区或其上空触及裁判、队员的身体、服装以及任何非场上物品和设施时。

5. 触及在击球区内的击球员时。

6. 击球员仍在击球区内，击出的球从地面或本垒板反弹上来并再次碰到球棒时。

四、跑垒

(一)踏垒方法

1. 跑垒员必须按顺序触踏一垒、二垒、三垒和本垒。

2. 在比赛进行中，跑垒员必须返回原垒时，应按相反顺序踏垒。

3. 跑垒员安全进踏垒位后，即取得占有该垒的权利，直到该跑垒员按顺序合法触踏下一个垒位或因下一个跑垒员进垒被迫离开时为止。

4. 当跑垒员使垒包脱离规定垒位时，该跑垒员和后位跑垒员不必触踏离位的垒包。

5. 跑垒员不得为扰乱防守方或有意制造混乱而颠倒跑垒顺序。

6. 两个跑垒员不得同时占一个垒位。

7. 前位跑垒员因空过垒或提早离垒而被判出局时，不影响后位跑垒员按规定顺序跑垒，但如上述情况发生时已有 2 人出局，则后位跑垒员得分无效。

8. 当后位跑垒员已入本垒得分时，前位跑垒员不得返回补踏所漏踏的垒位或不合法离垒的垒位。

9. 在球成死球后，跑垒员已到达漏踏或不合法离垒的下一个垒位时，即使比赛恢复，也不得再补踏。

10. 当裁判宣判安全进垒时，跑垒员必须按顺序依次踏垒。

(二)安全进垒

遇到下列情况时，跑垒员可以安全进垒：

1. 由于击球员得四球而被迫进垒时。

2. 守场员阻挡跑垒员跑垒时，除非守场员正在接击出的球，或持球在手准备触杀跑垒员，或正在准备接传来的球。

3. 投手暴投或接手漏接的球穿过或越过后挡网或停留在后挡网上时。

4. 投手不合法投球时。

(三)退回原占垒位

遇到下列情况时，跑垒员应退回原占垒位：

1. 裁判宣布守场员不合法将界外球接住时。

2. 击球员不合法击球时。

3. 击球员或跑垒员被判妨碍出局时，其他跑垒员都应回到裁判认为在妨碍行为发生时所占的垒位。

4. 击球员挥击未中而被球击中时。

5. 击球员被投球击中时（除非被迫进垒）。

6. 击出界外球未被接住时。

五、接球

守场员只有用手套或手接牢击出或传出的球，方为接球有效，具体包括以下几种情况：

1. 如球仅被守场员用手臂夹住或用身体的一部分以及衣服把球捂住时，不算接球有效，直至守场员用手或手套握住球时才有效。

2. 当守场员刚接住球即与其他守场员或围墙冲撞或跌倒在地致使球失落时，该球不算接球有效。

3. 守场员持球要有一定时间证明自己完全控制了该球，并且是主动有意识地让球离手，才能确认为接球有效。

4. 如果守场员在传球时球失手落地，仍为接球有效。

第二节 裁判方法

在比赛过程中,裁判员通过履行职责,进行正确的裁判工作,来保证比赛的公平、公正。

一、裁判员

裁判员包括裁判员和记录员等,大家各有分工、各司其职,保证比赛的顺利进行。

(一) 裁判员组成

4 名裁判员,分别为主裁判员(又称司球裁判员)1 人、司垒裁判员 3 人,同时还需要 2 ~ 3 名记录员负责记录和技术统计。

(二) 裁判员职责

1. 主裁判员

(1) 主裁判员位于本垒及接手身后,负责全场比赛,主要职责为宣判投手的好球或坏球,宣布击球员的“击”和“球”数。

(2) 判定攻方是得分还是出局。

(3) 判定界内球、界外球或擦棒球。

(4) 处理、宣判两方违反规则的行为。

(5) 宣布比赛结果。

(6) 负责司垒裁判员判定之外的一切判定。

2. 司垒裁判员

(1) 负责一、二、三垒位附近的裁判工作。

(2) 宣判跑垒员是安全还是出局。

(3) 宣判防守队员是否有阻挡、妨碍对方或其他犯规行为。

(4) 处理踏漏垒及其他问题，并协助主裁判执行规则，使比赛顺利进行。

3. 其他

有的正式比赛会再增加 2 名外场司线裁判员，其职责为判定落在外场远处的球是界内球还是界外球，外场手是否合法接杀，是否击出本垒打等。

二、违例及判罚

队员在投球、击球、跑垒、接球过程中违反规则时，裁判员会根据具体情况做出判罚。

(一) 一击

遇到下列情况时，判一击：

1. 合法投出的球，在落地前进入好球区而击球员没有挥棒时。

2. 合法投出的球，击球员挥击未中时。

3. 擦棒球，即击球员击出的球，碰触球棒后直接飞向接手，其高度不超过击球员头顶，而被接手合法接住时。

4. 击球员两击前，击出界外球，在落地前没有被接住时。

5. 击球未中而球击中击球员身体任何部位时。

6. 两击前，击出的球碰触站在击球区内的击球员身体任何部位时。

7. 投出的球在好球区内击中击球员时。

8. 裁判员宣布继续比赛后10秒钟内，击球员未进入击球区时。

(二)一球

遇到下列情况时，判一球：

1. 投球没有进入好球区或落地后进入本垒，或球触及本垒板而击球员未挥棒时。

2. 投手不合法投球时。

3. 投手在得球后20秒钟内未将球投出时。

4. 投手试投超过1次时。

(三)出局

防守方通过促使进攻方击球员终止进攻而被淘汰，就是出局。出局的情况有很多，基本形式有以下几种：

1. 击球员三击不中，或者击出的球在落地前被防守队员接住，则被判为击球出局。

2. 击球员击出地滚球开始跑向一垒时，防守方队员拿到球，并用球接触击球员，则被判为触杀出局。

3. 当投手尚未出手，跑垒员已经离开垒包，则被判为离垒过早出局。

4. 被迫进垒的跑垒员在跑到一个垒包之前，这个垒的守垒员已经拿到球并踏触该垒，则被判为封杀出局。

三、犯规与罚则

（一）犯规

1. 队员、教练或领队不得用侮辱性语言或其他不道德的行为对待对方队员、官员或观众，否则将被判为犯规。

2. 指导球队进攻的教练不得超过 2 人，须分站在一垒、三垒外的跑垒员指导区内，否则将被判为犯规。

（二）罚则

1. 对犯规队员可立即罚其出场或离场。

2. 对犯规的领队、教练或其他官员，第一次给予警告，再犯或裁判认为第一次犯规严重时，判罚离场。

3. 被罚出场的队员可以坐在队员席，除担任跑垒指导员外，不得再参加本场比赛。

4. 队员、领队、教练或其他官员被罚离场时，应直接去更衣室或离开比赛场地。

5. 犯规人员不立即执行出场或离场的判罚时，判该队弃权。